儿童逆商课

李 萍◎著

中国纺织出版社有限公司

内 容 提 要

逆境商也称为挫折商，挫折往往具有两面性，它可能是人生路上的绊脚石，也可能是孩子前进途中的助推器，挫折能带来什么影响主要在于我们如何看待挫折。挫折虽然会给孩子带来压力和打击，但也会锻炼心理承受能力，激发孩子们的智慧和勇气。所以，对孩子的逆商培养是势在必行的。

本书主要针对孩子们平时学习生活中所遇到的挫折，比如成绩下降、师生矛盾、亲子关系等问题，通过列举他们所遇到的困难和逆境，并逐一进行分析，引导孩子们战胜挫折，从而提升自己的逆商思维。

图书在版编目（CIP）数据

儿童逆商课 / 李萍著. ——北京：中国纺织出版社有限公司，2020.9
ISBN 978-7-5180-7807-3

Ⅰ. ①儿… Ⅱ. ①李… Ⅲ. ①挫折教育—儿童教育—家庭教育 Ⅳ. ①G781

中国版本图书馆CIP数据核字（2020）第163763号

责任编辑：张 羽　　责任校对：高 涵　　责任印制：储志伟

中国纺织出版社有限公司出版发行
地址：北京市朝阳区百子湾东里A407号楼　邮政编码：100124
销售电话：010—67004422　传真：010—87155801
http://www.c-textilep.com
中国纺织出版社天猫旗舰店
官方微博http://weibo.com/2119887771
三河市宏盛印务有限公司印刷　各地新华书店经销
2020年9月第1版第1次印刷
开本：880×1230　1/32　印张：6
字数：94千字　定价：39.80元

凡购本书，如有缺页、倒页、脱页，由本社图书营销中心调换

前言

逆商，是衡量孩子直面任何挫折和失败的能力。大量事实证明，逆商培养，能够为孩子打开通往专注创新、不惧怕犯错、不怕失败的成功之路，让孩子在未来各种有形无形的竞争中勇敢向前，在挫折与逆境中越挫越勇。

现代社会发展日新月异，呈现出多元化、交融的特点，孩子未来人生的成就，不但取决于他的智商、情商，也在某种程度上取决于他的逆商。现代社会充满着各种各样的挑战，任何人包括孩子也都没办法避免遭受挫折。现在的许多孩子从小在父母的溺爱中长大，大部分存在着依赖、敏感、不愿承担困难、无法接受批评的情况，但凡遇到一点点挫折，就容易半途而废，甚至走向极端，让父母毫无办法。追根溯源，都是由于孩子逆商较低，缺乏应对困难和解决问题的能力所造成的。

逆商培养，其实就是让孩子在成长过程中正确面对挫折，并能够自主调整心态，激发内在潜能，达到让孩子掌握技能、锻炼心智的目的。可以说，童年时期是孩子身心成长的关键时期，品质、态度、情感都在这一阶段形成雏形。在这个关键阶段里，父母需要对其进行适当的挫折锻炼和逆商培养，这样才能够让孩子在以后的生活中以正确、积极的心态面对种种不如意。

  当孩子有了挫败感，父母需要及时与其沟通，给他们提供表达挫败感的机会，引导孩子看到这件事背后的积极意义。父母可以判断孩子所面对的困难和挫折的难易程度，通过合适的方式，传递给孩子一些解决矛盾、克服困难的方法，鼓励孩子继续想办法解决问题。通过这样的方法，可以帮助孩子在心理上获得支持，让他们从父母身上获得足够的心理能量，未来就会更加勇敢地面对各种挫折，而且通过逆商培育的孩子，他们会以同样的方式去关心他人，给他人提供正向的心理支持和帮助。可以说，逆商是孩子在面对挫折和逆境时奋起的动力，一个孩子若没有一点逆商就无法适应以后激烈竞争的社会。所以，培养孩子的逆商非常重要，而童年是孩子逆商形成的重要时期，作为父母一定要在童年阶段积极培养孩子的逆商。

作者

2020年3月1日

目录

第一章　比情商更重要的是逆商：让孩子正确认识输赢和成败 /001

　　培养孩子的逆商，为成功奠定基础 /002

　　孩子足够坚强，逆境算不了什么 /005

　　艰难困苦后，玉汝以成 /008

　　培养孩子敢于尝试的勇气 /011

　　引导孩子克服"输不起"的情绪 /015

　　考试失利只是一时的烦恼 /019

　　成长是一个不可预期的过程 /022

第二章　驱赶孩子心中的自卑：自信的人可以战胜任何困难 /027

　　让孩子做一个喜欢自己的人 /028

　　让孩子从受挫的痛苦中解脱 /031

　　好孩子都是鼓励出来的 /034

　　别吝啬对孩子的表扬和赞赏 /037

　　孩子，请不要妄自菲薄 /040

　　足够坚强的孩子能够实现梦想 /043

第三章　勇敢地面对人生的困境：太阳一直都在，只等乌云走开 / 047

　　永不放弃，就能守得云开 / 048
　　坚定信念，扬起生命的风帆 / 050
　　学会缓解压力，把握生活节奏 / 053
　　逆境，能造就一个人 / 055
　　坦然面对生活中的风雨 / 059
　　经历挫折，信心和勇气就会增强 / 060

第四章　坚持去做梦想的开拓者：有信念的人永远不会被打败 / 065

　　梦想是引航灯，指引人生方向 / 066
　　抓紧时间，让自己的梦想逐一实现 / 068
　　定下目标，马上开始行动 / 071
　　希望，是心灵的一剂良药 / 073
　　挑战，是孩子进步的阶梯 / 075
　　满怀信心，向希望奋进 / 076

第五章　先学会掌控自己的情绪：才能度过生活中的风风雨雨 / 079

　　让孩子做一个内心强大的人 / 080
　　引导孩子自我调节，摆脱焦虑 / 082
　　学会自制，理智思考并克制情绪 / 084

目 录

心安定下来，学习效率高 / 087

重获力量，不再悲观 / 090

给孩子宣泄情绪的机会 / 092

第六章 修炼阳光开朗的好性格：积极乐观地面对生活的挑战 / 097

让孩子对心态有正确的定位 / 098

帮助孩子正确认识自我 / 102

谦虚的孩子更懂得进步 / 105

克服虚荣心，形成好性格 / 107

帮助别人，就是帮助你自己 / 110

培养孩子的宽广心胸 / 112

第七章 教孩子吃苦耐劳和独立：远离安逸和享受才能更坚强 / 117

培养孩子独立自主，避免"温室效应" / 118

学会放手，让孩子融入社会 / 122

孩子吃点苦，才更懂生命的意义 / 125

制造"拮据"环境，让孩子树立正确金钱观 / 128

尽力争取，改变生活现状 / 131

第八章 培养有责任感的好孩子：敢于担当的孩子才能成大事 / 135

责任感必须从小培养 / 136

热爱劳动的孩子，责任感强 / 139

引导孩子对家庭和父母负责 / 142

承担责任，是孩子人生的第一课 / 146

不找借口，成长需要付出代价 / 148

允许孩子犯错，教会他承担责任 / 151

不懦弱，但必须学会忍让 / 156

第九章　注重培养孩子的自律力：先管住自己才能去征服世界 / 161

培养孩子的自我控制能力 / 162

好的习惯成就好的性格 / 166

帮助孩子学会控制自己的欲望 / 170

增强自律，让孩子拥有更好的未来 / 173

不断努力，才能够逐渐接近成功 / 176

珍惜时间，才能创造出人生价值 / 180

参考文献 / 184

第一章

比情商更重要的是逆商：让孩子正确认识输赢和成败

美国科学家对近千名成功人士进行了研究调查，得出一个结论：成功的人，80%靠情商，20%靠智商，除了智商和情商外，成功还有一个重要的因素是逆商。对孩子的培养，不仅要体现在智商上，还要体现在情商和逆商方面，这样才会让孩子在面对挫折时有能力应对。

培养孩子的逆商，为成功奠定基础

逆商，也就是逆境商数，有时候我们也称为挫折商或逆境商。逆商是指我们面对挫折、摆脱困境和超越困难的能力。逆商并不只是衡量我们超越学习挫折的能力，同时，它还衡量一个人超越任何挫折的能力，诸如生活、命运。在相同的逆境中，逆商高的人所产生的挫折感比较低，而逆商低的人则会产生强烈的挫折感。

心理学家认为，一个人事业的成功需要具备高智商、高情商和高逆商，而假如彼此的智商相差不大，那么对其事业成功起决定性作用的就是逆商。因此，有效地培养孩子的逆商，才能为他们未来的成功奠定基础。

璐璐从小成绩优异，每次考试都保持在班级前三名，小升初综合成绩也很不错，幸运地进了一所重点中学。本来全家都很开心，可前两天孩子突然说："我不想学习了。"原本一心扑在学习上的孩子怎么也学不进去了，刚开始还和妈妈说自己想留级，后来甚至产生了厌学情绪。

父母虽然关心璐璐，不过也不明白孩子心里到底在想些什么，一家人又是带她出去旅行散心，甚至还去算命。结果一番折腾下来，孩子还是没什么变化。结果在朋友的建议下，妈妈带她去看了心理医生，诊断竟然是抗挫折能力太差。

原来璐璐从小就是班里的尖子生，成绩优异，但是进入初中之后，曾经属于她的光环不见了，同班同学从小拥有的教育资源更好，面对同样成绩优异的一群同学，她变成了一个十分普通的学生，学习上也力不从心，成绩一次比一次差。

孩子在学习与生活中，会经常遇到一些小挫折。比如，在某次测验中，成绩不理想；在某次集体活动中，自己把表演搞砸了；在体育竞赛中，由于自己失误而拖累班级输掉了整场比赛等。诸如这样的小挫折，孩子几乎每天都会遇到。当然，也有的孩子出生在贫困的家庭，不能穿好的、吃好的、玩好的，甚至在小时候就失去了妈妈或爸爸等。无论是小挫折还是大挫折，只要孩子能够以正确的心态去面对它，就能够战胜它，最后他们会发现它并不是那么可怕。通过正确看待挫折来提升孩子的逆商，给予他们战胜挫折的力量，那具体该怎么做呢？

1. 多角度看待挫折

正确看待挫折，要开阔孩子的视野，让他们以宽阔的胸襟，从不同的角度去看待、观察事物。正如诗中所说"横看成岭侧成峰，远近高低各不同"，对待挫折也是一样，不同的目标，不同的角度，会产生不同的结果。有的孩子在一次考试失败后就一蹶不振，下一次他一样失败；有的孩子收到糟糕的分数，能够勇敢面对，最终获得了成功。孩子在生活或学习中遇到的挫折，放眼看去，它们不过是孩子漫长生命历程中一个微不足道的黑点，孩子没有必要陷入到失败的痛苦中去，而是应该吸取教训，努力向前走。"失败乃成功之母"，孩子从哪里失败就应该从哪里爬起来。

2. 增强自信心

如果孩子擅长某一方面，就会在这一领域里有着充分的自信，这可以帮助他们更好地面对来自其他方面的挫败感。在学习方面，引导孩子发现自己的优势，最大限度地发挥自己的长处和优势，努力表现自己，体现自身价值。当孩子在自己所擅长的某方面体验到成功，看到了希望，就能帮助他们找回丢失的信心。

3. 善于调节心理

让孩子学习一些缓解心理压力的常识与小窍门，这样便于他们在遇到挫折时自我调节。比如，当他们出现紧张、畏惧的情绪时，他们要提醒自己深呼吸几次，忘记这是在比赛，把比赛当作自己日常生活中的一项运动，并以放松的心态来迎接挑战等。而且，通过调节心理来合理宣泄心理压力，这样能有效控制"输不起"心理。

孩子足够坚强，逆境算不了什么

逆境是一种人生挑战，在压力的促使下，孩子能够充分发挥自己的能力，从而发现自己的潜能，肯定自身的价值。而一些人好像就是为逆境而生的，顺境的时候，他好像就提不起精神来，若是一旦遇上逆境，有了压力，则会精神百倍，像变了一个人似的，与逆境抗争着。

父母需要告诉孩子，每个人的人生道路不可能是一帆风顺的，都会有环境不好、遭遇坎坷、工作辛苦、事业失意的时候，这时候千万不要放弃，因为人生没有失败，只有放弃才是真正的失败。犹太人认为，从我们每个人出生的那一天起，就注定了要经历各种困难折磨的命运，既然是前生注定，那今生的苦乐就是难以避免的。假如做生意顺利一点，那可以赚取很多的钱；一旦运气不好，日子就有可能过得艰苦一些。若是你不够坚强，那当逆境来临的时候，就会匆匆结束这次旅行；假如我们足够坚强，那逆境又算得了什么呢？

约瑟夫·荷西哈从平民窟里走出来，贫穷苦难的童年让约瑟夫尝尽了生活的辛酸，不过他相信，自己只有经历了苦难，才能赢得成功。

就在约瑟夫八岁的时候，他家遭遇了一场大火，之后他就变成了一个小乞丐，兄弟姐妹陆续被人家领养，小约瑟夫也将要被一对老夫妻领养，这时小约瑟夫大叫："我决不离开妈妈，我不能丢下妈妈不管。"后来，他跟着妈妈去了纽约这个大城市，那里的新鲜事物让约瑟夫感到了世间的美好，但是小约瑟夫还没看够这个世界，妈妈就带着他去了纽约布鲁克林区肮脏的贫民窟。苦难没有停止，妈妈被烧伤，却被送进医院乱哄哄的大病房。因为没有钱，妈妈住不了高级的病房，约瑟夫就在心中暗暗发誓：以后决不再受金钱的奴役。

为了赚钱，约瑟夫努力找工作，他来到纽约证券交易市场看、听，当他知道这里可以一夜之间变成富翁时，约瑟夫感觉身体里的血液在沸腾，下定决心要在这里闯出一片天地。几年之后，终于有一家留声机公司愿意留下他，在经历了无数的磨难之后，约瑟夫成为了一个出色的股票经理人。

逆境或许是社会的一种选择机制，看你能否经受逆境的考验，那些能够通过考验的人会脱颖而出，从而赢得人生的成功。所以，逆境可以说是我们人生的一个分水岭，有的人会被逆境打倒，变得颓废消沉，而有的人从逆境中崛起，努力拼搏。毫无疑问，拼搏的人的人生和事业就会进入一个全新的境界。

挫折感是当孩子遇到无法克服的困难，不能达到目的时所产生的情绪状态，人的一生可以说是与挫折始终相伴的。困难和挫折，对于成长中的孩子而言，是一所最好的大学，而父母给孩子过分的溺爱和保护，让孩子缺少参与、实践的机会，缺乏苦难的磨炼和人生的砥砺，所以，孩子的心理承受能力十分脆弱，遇到一点点挫折就灰心丧气、自暴自弃，从而失去信心。

对于孩子们来说，他们的逆境就是在学习和生活中受挫，那他们的受挫原因大致有哪些呢，有这样几点：

1. 心理承受能力较差

许多中国父母为了帮助孩子创造一个良好的学习氛围，不让孩子吃一点苦，受一点委屈，认为孩子的任务就是学习，其他所有事情都由父母包办。父母将孩子在家庭范围内承受挫折磨炼的机会降低到了最低。虽然这样的父母是用心良苦，但是结果却是往往相反的。因为对孩子的过度关心、过度保护、过度限制，导致孩子缺少磨炼，最后形成一种无主见、缺乏独立意识、依赖父母的心理。这样的孩子一旦遇到了逆境心理承受能力会很低，就会束手无策，心灰意冷。

2. 情感上的困扰

孩子们情绪的深刻性和稳定性虽然在发展，但是依然存在外露性，他们往往比较冲动，容易狂喜、暴怒，也很容易悲伤和恐惧。对孩子来说，情绪来得快，去得也快，顺利时得意忘形，遇到挫折就垂头丧气。因为理智和意志比较薄弱，而且欲望较多，假如家里不能满足其要求，孩子就会产生一些不良的情绪，会忍不住发脾气。

3. 学习上的烦恼

在中国许多孩子都是独生子女，父母们望子成龙心切，对孩子提出很多不符合他们身心发展规律的过高期望，再加上频繁的考试、测验、作业、学业竞争，增加了孩子们的心理压力，让孩子们不敢面对失败。沉重的学习负担和过多的思想压力，让孩子们精神非常紧张，长时间处于焦虑不安之中。

4. 人际关系方面的困扰

随着孩子心理发展和自我意识的增强，他们强烈地渴望了解自己与他人的内心世界，所以产生了相互交换情感体验、倾诉内心秘密的要求，他们希望得到别人的理解、尊重、信任。不过有的孩子因为个人特点造成他们在人际交往上的障碍：自以为是，不能清楚地了解自己的不足。这样会让他们在人群中很不受欢迎，更容易感到孤独。

艰难困苦后，玉汝以成

人们常说："自古英雄多磨难。"这句充满智慧的警句，生动地说明了一点：父母培养孩子从小学会应对挫折，孩子会终身受益。实践告诉我们，要教育好下一代，除了要教孩子掌握一定的科学文化知识和技能外，还必须帮孩子塑造良好的思想素质。人只有经历过挫折，从小培养顽强的意志力、忍耐力和坚韧不拔、不屈不挠的精神，最终才会获得成功，才能在社会的激烈竞争中立于不败之地。给孩子一点挫折，对孩子的一生是大有益处的。家长应该放开手让孩子独立面对生活的各个方面的挑战，让其自己解决问题。孩子几经如此"折磨"，将来就不会像温室里的豆芽那样，一碰就断。

困难和挫折是一所最好的学校，在这所学校里，孩子能历经磨炼，"艰难困苦，玉汝以成"。没有尝过饥与渴的滋味，就永远体会不到食物和水的甜美，不懂得生活到底是什么滋味；没有经历过困难和挫折，就品味不到成功的喜悦；没有经历过苦难，就永远感受不到什么叫幸福。尽管每位父母都不想让孩子去经历苦难，希望他们的人生路上充满笑脸和鲜花，但生活是无情的，每个人的人生路上都会遇到各种各样的苦难，畏惧苦难的人将永远不会有幸福。

父母作为孩子的第一任老师，无论对孩子的期望有多大，希望孩子将来从事什么样的职业，现下都应该先帮助孩子学会如何面对挫折和困难，而不应该一味地宠溺孩子，不让孩子经受一点风浪，这看似是爱孩子，实际上是害孩子。同时，家长还要考虑到孩子还有一定的依赖性，对孩子放手固然正确，但要适度，孩子对挫折的承受能力有限，孩子在受挫时，必要时家长要告诉孩子：跌倒了，自己爬起来。这就给了孩子一种能力的肯定，这样的挫折教育才是有意义的。

因此，父母在生活中培养孩子的抗挫折能力很有必要，父母可以从以下几个方面努力。

1. 父母的心态影响孩子的心态

作为父母，我们也是孩子的老师。父母如何对待人生的挫折，首先是对父母人生态度的一个考验，其次是给予孩子何种影响。

如果父母在挫折面前积极乐观，把挫折看成一个人生的新契机，那么孩子在父母的影响下，也会直面人生的各种挫折，以积极的心态去迎接各种挑战。反过来，如果父母在挫折面前消极悲观，回避现实，那么只能降低自己在孩子心目中的威信，更不利于教育孩子正视挫折。

2. 放手让孩子自己去经历挫折，而不是包办孩子的一切

人生之路，谁都不会事事顺心，有掌声也有挫折，有阳光明媚也有风雨交加。人生道路上往往挫折坎坷比平坦之路更多。孩子还小，将来还要面对复杂多变的社会，所以，父母要从小让孩子学着面对逆境和挫折，绝不能替孩子包办一切，让其失去锻炼机会。

3. 鼓励孩子勇敢面对

孩子在任何时候都需要父母的支持，挫折发生时，鼓励孩子冷静分析、沉着应对，找到战胜挫折的有效办法。平常和孩子一起探索战胜挫折、克服消极心理的有效方法，能帮助孩子进行自我排解、自我疏导，从而将消极情绪转化为积极情绪，增添战胜挫折的勇气。在父母鼓励下战胜挫折的孩子，定能学会抵抗挫折，成为在人生路上不断前行的勇者。

总之，作为父母，要让孩子明白，人生路上，免不了挫折。如果我们希望孩子能在未来社会上独当一面，能成为一个敢于面对逆境和挫折的人，就要让孩子从现在开始就从容面对，而不是无奈逃避。让孩子明白挫折是生活的一部分，学会正确地看待挫折，孩子才能更快地成长、成熟，将来才会更好地把握自己的人生！

培养孩子敢于尝试的勇气

人生中，困难和危险无处不在、无时不有。一个勇于迎战困难的孩子，才有战胜困难、夺取成功的希望，而那些蜷缩在温室中、保护伞下的孩子注定在困难面前不能成功。这告诉父母，在教育孩子的过程中，培养孩子勇于尝试的心态，是必不可少的一步。因为人一旦失去了尝试的勇气，就失去了所有的一切！

我们不得不承认，现在的很多孩子都生活在蜜罐里，过着衣来伸手、饭来张口的生活。他们是整个家庭的中心，父母过度的保护，让孩子既缺乏承受挫折的机会，更缺乏承受挫折的思想准备。所以当挫折摆在面前的时候，这些孩子就会表现出懦弱、悲观、想逃避的行为。但是生活并非一帆风顺，是处处藏着逆境的，对于孩子来说也无法避免。因此，引导孩子如何正确对待挫折、失败、困难，从而具有较强的心理承受能力和坚强的意志，对于他们将来的成长有着非同寻常的意义。

对孩子进行耐挫折教育，家长必须认识到爱孩子应该有理智的爱，不能迁就。在生活中很多父母对孩子嘘寒问暖，不让孩子受一点点委屈，这是爱孩子的表现，但过度的关爱和保护，会让孩子失去许多动手机会，接受困难的机会便很少，其生活经验也会更少。孩子在过多的关爱中形成了依赖思想，给自己贴上"弱者"的标签。当遇到困难时，他们首先想到的便是寻求帮助，而没有自己克服的意识和勇气。所以，提升孩子面对挫折的情绪管理能力，有助于引导孩子更有勇气地面对失败，在失败中崛起。那么，家长应该怎样让失败了的孩子再尝试一次呢？

1. 给予引导

当孩子在交往中遭遇挫折和失败时，父母应引导孩子分析受挫折的原因，从中汲取教训，并想办法克服困难。当他自己克服困难时，父母应鼓励、肯定，让孩子体验成功的喜悦，增强克服困难的信心。如果他自己克服不了困难，父母应给予适当的安慰和帮助，以免孩子过分紧张，影响身心健康。

有位母亲在谈到克服女儿在下围棋时有"输不起"的心态时说："当我女儿在走围棋时出现了那样的情况后，我总是有意识地引导，走围棋时肯定会有输赢，只要你好好学，什么时候技术超过了别人，你就能战胜对方了，如果你现在还比不上人家，被别人吃掉，你也要勇敢些，别哭。你走围棋时多用小脑袋想想，是哪里出错了……在一次又一次的心理引导和实践的体验中，孩子的承受力渐渐增强了。现在她也参加了幼儿园围棋班的学习，考验的机会也多了，孩子面对失败也更坦然了。"

2. 给予鼓励

当孩子失败后，当他误以为自己走投无路的时候，他最需要父母帮助他点燃心中的希望，看清自己的潜力。那就鼓励孩子坚信挫折只是暂时的，努力会冲破绝境。孩子在你的鼓励下就会跃跃欲试，孩子有了成功的体验后，就有面对困难的意识了。

3. 给予尝试机会

孩子毕竟是孩子，对于他们认为困难的事情，他们有时会主动拒绝尝试，但如果父母帮他们将目标确定成"试一试"，而不是"成功"，孩子的内心就会轻松许多。如果他们被剥夺了尝试的机会，也就等于被剥夺了犯错误和改正错误的机会，离成功之路也就越来越远。成功父母的聪明之处在于：即便是一次失败的努力，也让孩子觉得从中有所收获。所以当你的孩子拒绝尝试时，父母要及时地给予鼓励，鼓励孩子去尝试，哪怕是一次失败的尝试，如果孩子能在尝试中成功，那也会给他们带来成就感，从而获得面对困难的勇气。如果尝试失败了，父母再出面予以帮助，在帮助中让他们获得技能，让他们懂得面对困难挫折不要退缩，要勇敢地去解决。

4. 借助孩子的其他优势来激励他

在某一领域里的充分自信，可以帮助孩子更好地面对来自其他方面的挫败。如果面临挫折，孩子将自己的优点丢在了脑后，父母一定别忘了提醒他，借助他的其他优势激励他坚定信心，改变处境。

一位母亲讲过这样一个例子："女儿在前段时间要去参加捏泥塑比赛，作为妈妈自然希望她取得好成绩。于是回家了我总想方设法让她多练习。女儿虽然对动手操作感兴趣，但是对于难度大一些的事物总是不想多实践。我觉得我得先让她对难的事物感兴趣，兴趣是最好的老师嘛。于是我跟她说：'你看你刚才捏的这个真的很难，妈妈只教了你一次，你都捏得比妈妈好了，真了不起。那一个好像更难了，我们一起来捏，你教教妈妈好不好啊？'女儿借助自己的优势而树立起来信心去改变她对于难度大而不愿实践的弱势的信心。"

通过优势激励，能让孩子有一种对自我价值的肯定。这种心理暗示，能鼓励孩子从挫折和失败中重新站起来。

总之，作为父母，不要让你的孩子成为一个弱者，不要让他在失败中不堪一击，不能让他像鸵鸟一样在遇到危险的时候，就把自己的头藏在沙土中以获得心灵上的解脱。在挫折教育大行其道的今天，父母需要把握好这中间的尺度，培养孩子的抗挫折能力和越挫越勇的斗志，应该让孩子时刻记得，放弃就意味着失败，尝试才有成功的可能！

第一章 比情商更重要的是逆商：让孩子正确认识输赢和成败

引导孩子克服"输不起"的情绪

任何一位家长都明白一个道理，我们的孩子最终都会长大，都要步入社会、参与社会竞争。他们竞争的不仅仅是知识和能力，也是心态，能输得起、拿得起、放得下的人才能笑到最后。家长在培养孩子积极处理情绪的能力的过程中扮演着不可替代的角色，孩子阳光、健康心态的获得，必须靠父母的引导。可是现实生活中，很多家长对自己的孩子疼爱有加，不愿看其受委屈和挫折，也有一些家长喜欢将孩子的成功当作自己的"门面"，赢了就夸孩子聪明、能干，输了就指责和埋怨孩子笨，这种教育方式是很不可取的，这样做很容易让孩子走向两个极端，要么失败了就爬不起来，要么就非赢不可。这样的孩子哪里输得起，怎能正视挫折和失败？

我们发现，这些有"输不起"情绪的儿童，往往会在与人交往时，喜欢做核心人物；当不能成为社交中心时，就会发脾气；他们不会感谢人，易受外界影响等。其实，当孩子遇到挫折而沮丧、焦虑、自卑时，家长的职责不在于怎样保护孩子今后不受挫折，而在于如何提高孩子抗挫折的能力。家长应有意识地在日常生活中培养孩子做事的目的性和持久性，并帮助他们通过克服困难来锻炼意志。

一天，小刚妈妈接到学校打来的电话，说小刚和同学打架了。当她忐忑不安地赶到学校后，发现儿子和另一个小男生果果及他的父母都在班主任的办公室里。原来，儿子班上要重新选举班委会成员，由孩子们自由投票决定。最后果果以两票的优势胜出而当选了班长。儿子接受不了这个现实，当场就哭了起来，并冲过去用力推了果果一把，果果猝不及防，一头撞在桌子上，鼻血直流。

小刚妈妈自知理亏，赶紧向果果一家认错、道歉。问题解决后，他们径直就回家了。丈夫脾气暴躁，一进家门就忍不住要"教训"儿子。看着孩子那害怕的眼神，妈妈连忙拉住了丈夫。冷静下来后，他们问儿子当时为什么要推果果，儿子被这么一问，眼泪又出来了，抽噎着说："我的票数为什么会比他的少？我为什么不能当班长？"很明显，小刚的这种心态就是输不起。生活中，可能有不少孩子也这样，平常不时会表现出沮丧的神情，这不是孩子竞争过程中的正常情绪体验。此时，很多家长一般没有设法去引导他们的好胜心，反而一个劲儿地指挥他们向前冲。在极度好胜与遭受挫折的双重挤压下，孩子就表现出了和小刚一样过激的行为。

也经常有家长抱怨，"每次和孩子一起玩游戏，只要我赢了他，他就会很不开心，闹着说不算数，硬要重来""我们家孩子不会交朋友，做游戏、参加比赛他只能赢，不能输，小朋友都不愿意和他玩"。争强好胜，赢了就满心欢喜，输了就大哭大闹。这也是"输不起"的孩子的表现。

其实，从心理学的角度来讲，儿童"输不起"是一种正常现象。无论做什么事情,孩子总是希望自己比别人强,以获得周围人的认可。可是因为儿童年龄小,各方面都不成熟,他们并不了解自己的强项和弱项,在人前或是在集体活动中,一旦不如人,他们就会表现出不高兴的情绪。

一般来说,儿童"输不起"通常会有两种表现。一种是面对挫折和失败,采取回避的办法逃避困难。例如,妈妈批评小强学钢琴不认真,不如隔壁的玲玲弹得好,听到这话,小强就索性不弹了。另外一种是一旦在游戏中输了,就大发脾气或用哭闹以示宣泄。在幼儿园,老师们常会遇到因为抢不到发言机会而委屈哭泣的孩子。

虽说好强是孩子正常的心理,但如果太在意每一次得失,就会影响他们与别人的相处。面对"输不起"的孩子,父母需要费点心思,帮助孩子排除这种坏情绪,让他们体会做每件事所带来的情感经验。作为孩子的第一任教师,家长在孩子个性形成过程中起着非常重要的作用。引导"输不起"的孩子,父母首先要平衡自己的心态,正确看待孩子的失败。当孩子在学习和游戏中受挫时,应该教育他们克服沮丧和悲观的情绪,帮助他们分析失败的原因,鼓励他们建立积极的心态对待暂时的受挫。

面对这样"输不起"的孩子,父母该如何开导,让他们坦然面对输赢呢?

1. 当孩子还在幼儿阶段时

父母应该尽可能地协助他们体验成功的感觉，建立起自信。但失败在生活中又是不可避免的，要让孩子视之为另一种情感体验。在孩子情绪低落时，家长要多鼓励，帮助他们积极面对挫折。家长这样做，既告诉了孩子失败和受挫是成长过程中不可避免的事情，同时也鼓励了他们积极面对。

2. 当遇到不能避免的失败时

父母不要过分为孩子排除一些在正常环境中可能遭遇到的困难，当孩子遇挫时，父母不要立刻插手，不妨留给孩子自己面对失败的机会。

3. 让孩子在集体游戏中磨炼和提高耐挫力

让孩子在集体游戏中经历一些挫折和失败，这些痛苦经历能让他们更好地认识自己，发现自己的缺点和别人的长处，发展他们的内省技能。这样，他们一方面学会了欣赏别人，和同伴友好相处，共同合作；另一方面，在与同伴的交流中，他们也学会了如何克服困难、解决问题。

4. 大人和孩子游戏时不要经常故意输给孩子

适当的时候玩一些输了也有奖励的游戏，奖励的前提是要孩子总结出输的原因。通过这种办法，可以平衡孩子"输不起"的心态。

总之，在儿童成长过程中，当家长/父母发现孩子总是希望自己比别人强，一旦不如人，就表现出不高兴的时候，就说明孩子有"输不起"的心态。对此,父母要进行有效干预,一段时间过后,这些引导就会起作用。在以后的竞争中,无论是输是赢,孩子都能够保持平和的心态。在这种轻松的心理环境中,孩子的表现也自然更优秀。这样的孩子才能真正体会到"竞争"的含义!

考试失利只是一时的烦恼

小乐今年上二年级,她很懂事,是个学习认真、努力的女生,可令她自己甚至是老师苦恼的是,一到考试,她就怯场,无法发挥自己正常的水平,每次的成绩都不理想,她烦躁不安,觉得自己很没有用,对不起老师和父母,也提不起精神来重新学习。有一次,她和妈妈谈心的时候说:"我马上就要上三年级了,可成绩总是不理想,刚刚上小学的时候我知道我的成绩不错,老师也很喜欢我,但是就在这个学期的数学考试中,我的成绩一下子掉下去了。后来学习的时候,就提不起兴趣了。期中考试的时候,我的成绩更下滑了,后来慢慢地,我就不喜欢数学了,妈妈,我该怎么办?"

对于很多学龄儿童来说,他们都要面临考试,而面对考试失利,自然是有一定心理压力的。考砸时压力是学生主观认知在客观条件下作用的结果,考试前,他们对自己的能力和水平有个评估，而当考砸以后，在客观结果上就形成了一种差距，这种心理压力也就产生了。这种心理压力的危害是相当大的，轻者产生心理阴影，重者会做出一些过激的行为。因此，父母一定要帮助儿童减轻考试压力，帮助他们以正确的心态接受考试结果，具体来说，父母可以这样做。

1. 帮助孩子正视失败，告诉他们别光盯着消极面

胜败乃兵家常事，考试考"糊"，对孩子而言是很正常的事。父母要告诉孩子，一旦在考试上遭遇挫折，一定要勇敢些，要正视现实，承认痛苦和感伤。要知道，从不经历失败，就无法真正认识人生的真谛。如果一味地生活在懊悔或自责中，消极地看待失利后面临的问题，能有重新开始的信心和勇气吗？所以，不妨勇敢些、乐观些、积极些。不然，会由考试的失利转化成心情上的失落乃至人生的失意，而后者对人的"杀伤力"是十分可怕的。

2. 告诫孩子降低过高的学习目标

父母可以引导孩子明白，重视学习过程而不要过于计较考试结果，把考试当成作业，把作业看作考试，以平和的心态来对待考试，这样，即使考砸了，也不会太失望。

3. 帮助孩子转移注意力，学会规避挫折

考试失利是哪个孩子都不愿看到的结果。情绪扭不过来的时候，父母可以告诉孩子不妨暂时回避一下，打破静态体验，用动态活动转换情绪。父母也可以告诉孩子，若你能聆听一段

心爱的音乐，跟随乐曲哼起来、动起来，你的心灵也会在音乐中得到净化；若你把注意力放在与别人的轻松交往上，约上三五好友，逛逛街、打打球，这都有助于缓解你的失意情绪。规避挫折不是教你逃避现实，而是希望你能尽可能地把愉快、向上的事串联起来，形成愉悦身心的"多米诺骨牌效应"。这样你就可以逐步摆脱烦恼与沮丧，拥有一个阳光灿烂的心境。

4. 引导孩子倾诉出来，不制造人际隔阂

有些孩子考试特别是重大考试考"糊"了后，便会不自主地背负起沉重的精神包袱，往日的笑脸不见了，整日深居简出，羞于见同学、老师，面对同学的电话或来访持抵触心理。其实这是不理智的，是在为自己制造人际隔阂，同时也暴露出其心理的脆弱。

父母可以引导孩子倾诉心中的苦恼，因为倾诉可以让心灵得到释放。父母可以告诉孩子：为什么不走出去，找亲朋好友倾诉一番呢？即使痛哭一场也总比一个人躲在家里自责强啊！烦恼发泄出来了，"失意"的病毒便在孩子心里无处藏身了。

5. 带领孩子总结经验教训

父母应该让孩子明白，一次失利并不代表次次失利，应多问问自己为什么会失利，应该怎么补救。孩子要认真地想个明白，是自己课本知识没有学好，还是考试时太粗心了。如果是课本知识没学好，就要加强学习，对每个问题都要理解透彻，努力弄懂弄通，同时，加强练习，熟悉各种题型，打牢自己的基础。考试时做到细心细致，以免造成不必要的丢分。学习是件很轻松、很愉快的事，学习时快乐学习，玩时痛快地玩，放松自己就是解放自己。

总之，父母需要告诉孩子，人生不如意事常八九，考试的结果并不重要，考试失利也不过是命运对心理承受能力的一种考验！

成长是一个不可预期的过程

美国作家海明威很善于写小说，他的《老人与海》更是举世闻名的著作。因此，海明威常常有机会与很多作家聚会。当然，在聚会的过程中，海明威常常会遇到自己不喜欢的人，但是他并不懊恼，而是以自己的方式处理好人际相处问题。对于他人给自己抛出来的"炸弹"，尽管猝不及防，但海明威并不慌张，一切的事实都证明，他有能力处理好这一切。

有一次，海明威在参加聚会的时候，碰到非常讨厌的一位心思狭隘的作家。那位作家虽然很崇拜海明威，但却借助于奉承海明威的机会自我吹捧。海明威想方设法地躲开这位作家，但是这位作家就像个跟屁虫一样紧跟着海明威，海明威碍于面子又不好直接拒绝这位作家的交谈邀请，因而只好勉为其难地让自己的耳朵受苦。说着说着，这位作家终于说出了自己的打算，原来他想有给海明威写传记的机会。海明威听到作家的这个请求，就如同抓住了救命稻草一般，赶紧委婉地对那位作家说："一般写传记都要等到生命结束之后，既然你想为我写传记，我想我一定要努力多活一些年。"那位作家听懂了海明威的拒绝之意，赶紧告别海明威，去找别人继续吹嘘了。

海明威非常灵活机智，所以才能最大限度地应对这些突发情况。否则，如果他很生硬地拒绝作家交谈的请求，则会无形中得罪作家，也导致人际关系更恶劣。幸好作家最终说出了自己的想法，而海明威则抓住了这个机会给予作家明确的暗示。这样的委婉圆融，一则保护了作家的颜面，二则也达到了海明威拒绝的目的，可谓一举两得。

成长是一个不可预期的过程，很多孩子面对成长的过程，总是感到猝不及防，这是因为他们没有作好心理准备面对成长过程中挫折的突然袭击，也没有足够的从容在面对成长中的突然袭击时气定神闲。实际上，人生原本就充满无限的可能性，也会面临很多不可预测的情况。正如人们常说的，人生是一场没有归途的旅程，也许有很多人对于人生都有预见，但是人生并不会按照人们所预想的那样向前发展。对于孩子，人生同样如此，在孩子的成长过程中，他们总是要面对各种各样的意外和突发情况，唯有做好预案，才不会在情况发生的时候感到猝不及防。

每一个孩子的心理承受能力都有限，毕竟人生经验的限制让他们没有多余的时间和精力面对人生中各种糟糕的情况。然而，笨鸟先飞、未雨绸缪，都可以帮助孩子更好地规划好人生，也可以帮助孩子从容地应对人生挑战。最重要的是，孩子要内心淡然，才能更加果断理性地面对成长。古往今来，无数成功人士并非因为得到命运的青睐才能获得成功。例如，伟大的数学家华罗庚小小年纪就辍学在家，后来又因为患了严重的伤寒导致左腿严重残疾，但这一切都没有让他屈服于命运，相反，在战胜伤寒之后，他更加努力学习，最终成为了不起的数学家。再比如，霍金从小就身患疾病，但是他身残志坚，所以才能成为整个世界的宝藏。总而言之，面对命运的坎坷和挫折，每个人都一定要更加努力，才能在成长的道路上不断地向前。如果遇到小小的困难、坎坷和挫折，马上就感到气馁，就想要放弃，则根本无法超越困境，获得最终的成功。

还需要注意的是，成长的过程贯穿在人的生命之中，所谓成长，并非仅仅局限于孩童时代的成长。很多情况下，成人也同样面对着成长。人生的道路，总是不断地向前延续，不断地延伸下去，在这种情况下，每个人都要努力调整好心态，才能从容果断地面对命运赐予的一切，才能在战胜命运磨难的过程中不断地崛起，让人生拥有更值得期待的未来。

当然，要想面对成长的突然袭击、人生中的突发情况，最重要的就是培养自己的应变能力。所谓应变能力，指的是当外界的很多事情发生改变的时候，作为生命主体的人能够及时果断地作出正确的反应，也能够有效地维护自身的利益，给予自己的人生更多成长的可能性。如今，整个社会都处于飞速发展之中，一切事物都在发生日新月异地变化，一个人如果总是墨守成规，就很难真正地成长起来。常言道：人生如同逆水行舟，不进则退。任何情况下，要想在社会上立足，要想让自己能够从容应付人生中的所有突发情况，就要有意识地提升和完善自己，就要让自己更加坚定从容。要想培养孩子们的灵活应变能力，可以从以下几个方面做起。

首先，要积累人生经验，多多经历一些事情，或者通过读书等方式开阔他们的眼界。很多孩子之所以在面对突发情况的时候手足无措，是因为他们缺乏人生经验，也不能在人生中的很多临时事件发生的时候，第一时间就作出正确反应。所谓不经历无以成经验，这告诉人们，每个人都必须亲身经历，才能获得更丰富的经验，更深刻的感悟，才能给予自己切实有效的指引。其次，孩子们还要多参加一些具有难度的活动，尤其是一些挑战性活动，要勇敢地去尝试，敢说，敢去经历。通常情况下，所谓挑战指的是做超出自己能力的事情。人生之中，有很多事情都是突然发生的，不可预期的，当接受挑战的时候，孩子们就有更多的机会遇到突发事件。在挑战的过程中，孩子们的心思也会灵活地变通，他们会根据自身的情况有区别地对待一切事情。对于孩子们而言，这正是难得的历练，也会让孩子们在见多识广之后，对于很多突发情况不那么犹豫不决。最后，每个人都是社会的一员，都要融入社会生活中，与人友好相处和交往。尤其是很多突发情况，也是在人际交往的过程中发生的，在这种情况下，如果孩子能够多多参与集体生活，结识更多的陌生人，也在人际交往中承受更多的突发情况，那么他们的应急反应能力就会大大增强。

总而言之，对于孩子的成长而言，应变能力是必须具备的基本素质。现代社会瞬息万变，万事万物都处于日新月异的发展和变化之中。每个孩子要想成功地主宰人生，让人生更加充实而又精彩，就要有意识地培养自己的应变能力，也在生活之中卓有成效地锻炼自己、历练自己、锤炼自己。唯有如此，孩子们才会更加理性从容，也会更加灵活机智地应对人生中的各种挑战。

第二章

驱赶孩子心中的自卑：自信的人可以战胜任何困难

> 父母希望自己的孩子成为栋梁之才，但是偏偏有的孩子十分自卑，总觉得自己这也不行，那也不行，不求上进。其实，自卑的孩子最缺的是来自父母的鼓励与关爱，需要父母逐渐引导，孩子才能赶走心中的自卑。

让孩子做一个喜欢自己的人

每个人都是一个独立的生命个体，都有着无法复制的一些特征，孩子也是如此，而正是这些特征，让孩子在父母心中有着无法替代的位置。一个人只有喜欢并接受自己，包括接受自己的优点和缺点，相信自己是最棒的，才能在人生的路上勇往直前、无所畏惧。接受并喜欢自己，是建立自信和勇气的前提，而这需要父母的引导，父母要让儿童从小在温馨和谐的家庭环境中成长，给孩子一个阳光积极的心态。

每一个人都需要有自我认同感，对于成长中的儿童也一样。实际上，很多时候，自我认同感的缺失，是父母的不当教育造成的。例如，从小给孩子贴上"弱者"的标签，把孩子的缺点当成娱乐的对象，对孩子大加指责等，都会让孩子有一种"无用感"和"自我否定感"，长期在这种心理状态笼罩下的孩子，是很难有勇气和自信的。

那么，家长该怎样做才能让孩子喜欢自己，然后逐步建立起勇气和自信呢？

1. 让儿童喜欢自己的性别

喜欢自己的性别是最基础的，只有先获得身份的认同，才能让孩子以自己的身份生存、生活、与人交往，从而赢得一种

第二章　驱赶孩子心中的自卑：自信的人可以战胜任何困难

自我价值的肯定。对那些不喜欢自己性别的儿童，家长一定要及时采取措施引导，有位妈妈是这样做的：

"我女儿两岁时，就希望自己是个男孩，为了让她喜欢自己是个女孩，我首先带女儿逛儿童服装店，欣赏女孩服装，看到色彩鲜艳、款式多样的女童装，女儿恨不得让我把所有服装都买回家给她穿。我再带她到外婆家看表哥的衣服，一对比，孩子就发现：男孩的衣服不如女孩的好看。我说：'要是变成男孩了，只能穿和哥哥一样的衣服了。'女儿似懂非懂地点点头。晚上洗澡的时候，我还对她说：'我们女孩还很讲卫生，从来不随地大小便。'洗完澡，我给她穿上漂亮的裙子，让她照镜子，欣赏自己。我说：'做女孩多好哇！妈妈帮你变成男孩吧，把你的漂亮衣服送给别的小朋友吧。''不要！'女儿急得叫了。"

这位妈妈是个有心人，女孩是公主，喜欢作为公主的自己，才会被人喜欢，才会有勇气和自信去赢得别人的认同。

2. 扩大孩子的交友范围，赢得友谊

朋友们认可他，帮助他产生归属感。朋友能经常与他分享他感兴趣的事物，陪他打发时光，为他带来快乐，让他建立身份认同。他会想："和这样的人做朋友，我就是像他们一样的人。"真正的朋友是在对方遇到麻烦的时候，不离不弃，为之提供支持。换言之，真正的朋友，对于他获得身份认同、建立自信、培养社交能力及给他带来安全感，都是非常重要的。前提是他的朋友都是良友。

孩子与朋友关系密切，朋友几乎就是他个人的延伸。作为父母，一定要明白，拒绝他的朋友，就是在拒绝他本人，这使得你想开口对孩子说他交错了朋友这件事变得格外困难。如果他的朋友想要破坏你的计划，挑战你的价值观并引发你的担忧，在你采取行动试图将他们排除在孩子的朋友圈之外前，一定要慎重考虑。他们可能确实是正常的孩子，只是想挣脱大人的束缚而已。在你禁止任何事情之前，请主动和孩子交谈，因为禁止可能导致事与愿违的后果。

3. 在游戏中帮助孩子建立自信

游戏对于一个人建立自尊和自信非常重要。游戏使孩子认识自我，因为通过选择决定玩什么或者做什么、和谁一起玩等，可以逐渐丰富他们的自我概念，并获得身份认同——这二者正是建立自尊必不可少的两个步骤。通过游戏，孩子还可以发现自己有能力做些什么，因为游戏有助于培养他们在语言、社交、手工、制订计划、解决问题、协商和身体运用方面的能力，从而增强他们的自信，提高他们社会交往能力。

最后，让孩子从事一些有安全保障的独自一人进行的游戏，会使他们逐渐认识到，自己是可以独立完成一些事情的。

总之，父母是儿童人生路上的导航者，孩子在成长中，难免会出现一些负面消极心态，父母要给予及时的排解，培

第二章 驱赶孩子心中的自卑：自信的人可以战胜任何困难

养出一个勇敢、积极的孩子，这是父母给孩子一生最好的礼物！

让孩子从受挫的痛苦中解脱

前面，我们已经提过挫折教育，对于成长中的孩子来说，困难和挫折的确是一所最好的学校，在这所学校里，孩子能历经磨炼，"艰难困苦，玉汝于成"。没有尝过饥与渴的滋味，就体会不到食物和水的甜美，不懂得生活到底是什么滋味；没有经历过困难和挫折，就品味不到成功的喜悦；没有经历过苦难，就感受不到什么叫幸福。尽管父母都不想让孩子经历苦难，希望他们的人生路上充满笑脸和鲜花，但生活是无情的，每个人的人生路上都会有各种各样的苦难，畏惧苦难的人将永远不会幸福。

对孩子进行挫折教育是很有必要的，但父母还需要注意挫折教育中的重要一环，那就是增强孩子受挫后的恢复能力。父母创造条件让孩子受挫折是挫折教育的一种方法，但是屡次的挫折也会让他们失去自信，所以，父母还要引导孩子学会正确地面对挫折，培养孩子受挫后的恢复能力和自信心。让孩子在将来的生活中，当独自面对挫折时，能够泰然处之，永远乐观。

可能很多父母有这样的想法："他的心事为什么这么重？我怎样才能让他恢复到以前的状态，还有，怎样培养能够使他遇到挫折也不灰心，能够克服困难呢？我不希望他遇到一点小小的挫折就心事重重，情绪低落，我宁愿他做一个开朗坚强的孩子。"

孩子遭遇失败挫折，情绪低落时，父母切忌以怜悯的态度对待孩子。父母不要心痛地抱着孩子长吁短叹，或是从此把孩子呵护得更紧，这些都是不可取的方法。正确的做法是让孩子明白人人都会经历失败挫折，让他们懂得从失败挫折中学习、吸取经验教训，从受挫的痛苦中解脱出来，找出战胜失败和挫折的方法。

具体说来，可以有这样一个步骤帮助孩子增强受挫后的恢复能力。美国的心理学家曾经教给父母一个叫作"3C"的办法来帮助孩子度过困境。所谓"3C"是指Control（调整）、Challenge（挑战）和Commitment（承诺）。

"调整"是为了帮助孩子明白"困难并不等于绝境"——"我知道没评上小红花你很不高兴，但我相信如果你下学期更努力，就一定能得到小红花，可能还能评上'好孩子'呢。"

而给孩子"挑战"的感觉则是为了让他们学会在不高兴的事情中看到快乐的一面——"转到一个陌生的幼儿园是很让人不开心，但我知道你不管到哪里都能交到很多好朋友。"

最后一条是"承诺"，用"承诺"的方式帮助孩子看到生活更为广大的目的和意义——"爸爸没来看你跳舞你一定很伤心，但我们都知道爸爸希望你能跳得非常非常好。"

对于涉世未深的孩子而言，困难和挫折是在所难免的，如何引导孩子从挫折后的失落情绪中走出来，进行心理调整和心理恢复，是家长必修的一课。

当孩子面对挫折时，家长要及时对孩子进行心理疏导，从尊重、关心孩子的角度出发，共情、理解孩子，用孩子的思想谨慎地接触他们的心灵，别让孩子长时间地处于受挫的心理状态下，造成一些悲剧。

另外，针对不同的挫折情况，可以适当教授孩子一些抗挫折的方法，让孩子从挫折中站起来，自尊自信，自我解脱，去创造未来。

（1）引导孩子合理释放。发现孩子受挫后，家长要采用适当的形式，让孩子宣泄受挫的苦闷心情，不要让孩子把苦闷压在心里。家长也可以用交谈或书信方式提醒孩子，向亲人、老师、同学或朋友倾吐内心的压抑之情，取得他们的理解和帮助，以缓解心理压力。也可以鼓励孩子通过写日记的方式，把心中的不快宣泄出来，从而理清思路，稳定情绪，维护心理健康。

（2）教孩子学习使用目标转移法。孩子受挫后情绪往往不稳定，常常被挫折所困扰，或是急躁易怒，或是闷闷不乐。家长可以引导孩子转移注意目标，消解他们的紧张心理。如陪孩子外出散步游玩，一起听听音乐或谈论他们爱好的足球、篮球明星等，来分散他们的注意力，稳定他们的情绪，消除他们心中的烦恼，减轻他们的挫败感。

这些方法都能帮助孩子尽快从受挫的郁闷心情中及时走出来，恢复朝气蓬勃的精神状态，以更加饱满的情绪迎接新的挑战！

好孩子都是鼓励出来的

德国人力资源开发专家斯普林格在其所著的《激励的神话》一书中写道："人生中重要的事情不是感到惬意，而是感到充沛的活力。"任何一个成长期的孩子都需要激励，尤其是来自父母的肯定，那会让他们获得自信。如果父母总是否定他们，他们的心就可能被自卑掩埋，这样的孩子是很难成才的。

相信很多父母都深知对孩子要进行适度的挫折教育，但这并不意味着要对孩子施行批评教育。

心理学家曾经做过一个关于"孩子最怕什么"的调查，结果表明：孩子最怕的不是生活上苦、学习上累，而是人格受挫、面子丢光。美国心理学家威谱·詹姆斯有句名言："人性最深刻的原则就是希望别人对自己加以赏识。"同样，对于成长期的孩子来说，他们毕竟还年幼，独立意识尚未形成，他们非常在乎他人眼里的自己。因此，尊重孩子，相信他们，鼓励他们，不仅能让家长及时看到孩子身上的优点和长处，进而挖掘其身上更巨大的潜力，还能拉近亲子间的距离，帮助孩子健康成长。

实际上，不论男孩还是女孩，好孩子不是批评出来的，而是鼓励出来的。那么，父母该如何激励孩子呢？

1. 多看到孩子的优点

教育要严格，并不是说要将孩子批评得一无是处，为此，我们最好多方面、多层次地了解和评价，不能只盯住他的缺点。

2. 多鼓励孩子

错误是这个世界的一部分，也是与人类共生的一部分。任何一个孩子都是在不断犯错中成长起来的，父母要给他们改错的机会，并鼓励他们，切不可因为孩子的一次错误而给孩子贴上永久的负面标签。

3. 不宜过分夸大孩子的优点

孩子有好的表现时，父母一定要给予表扬，赞赏之言可以稍微夸大，这有利于增强孩子的自信心，但是不宜过分夸大。

4. 教会孩子进行自我激励

人的自信是一种内在的东西，需要由个人来把握和证实。所以，在帮助孩子建立自信的过程中，父母要教会他们进行自我激励。例如，在孩子遇到重要的事情，需要鼓起勇气来面对时，父母可以鼓励孩子进行自我暗示："我是自信的，我有实力，我是最棒的！"

这样可以帮助孩子增强自己内在的信心、激发内在的力量。当然，这是一个长期的过程，需要坚持到孩子能形成习惯为止。

5.告诉孩子只跟自己比，不和别人比

你可以告诉孩子爱迪生的故事。爱迪生说，自信是成功的第一秘诀，自信心的树立，不在于和别人比较，而是拿自己的今天和昨天去比。

在爱迪生上小学时，有一次上劳作课，同学们都交了自己的手工作业，但到第二天，爱迪生才慢吞吞地交给老师一个粗糙的小板凳。对此，老师的评价是："我想世上不会再有比这更坏的小板凳了。"但对此，爱迪生的回答是："有的。"然后他从课桌下面拿出两只小板凳，举起左手的小板凳说："这是我第一次做的。"又举起右手的小板凳说："这是我第二次做的，我刚才交的是第三次做的，虽然它不能使人满意，但是总算比这两只好多了。"爱迪生的自信就是在和自己的比较中树立起来的。

现实生活中，一些孩子习惯了和周围的同学、朋友比较，山外有山，这样和别人比较下去是没有尽头的，在和别人的比较中容易失去自信，同时也被周围的环境牵着鼻子走。所以，帮助孩子建立自信最关键的一步就是帮助他改变总是和别人比较的习惯，当孩子说"我不如……"的时候，就要提醒他打住，这是个思维习惯的问题，经过一段时间的纠正肯定能够克服。

6. 鼓励孩子学会客观对待负面信息

影响孩子自信心的负面信息总是会随时出现，最常见的就是他们遇到不会做的题目时，父母要告诫孩子学会客观分析，属于自己能力以外的就不要放在心上，可以先从自己会的题目开始。

总之，对于尚未长大的孩子来说，对于别人对自己的评价，他们会下意识地产生一种认同感，并进而以此塑造自己的行为。父母在孩子的性格形成期有必要对他们进行正面激励，以此来帮助他们树立自信心。

别吝啬对孩子的表扬和赞赏

每个人都渴望得到他人的肯定和欣赏，大人都是如此，成长中的儿童更是如此。教育孩子，就是要给孩子足够的自信，让他们拥有积极健康的性格。成长中的儿童一般比青少年、成人更加敏感，很多时候他们更在意周围人对自己的印象，他们对自己的评价主要来自外界对自己的评价。如果外界对孩子的评价主要是积极的，那么他们对自己的评价也会是积极的；如果外界对他的评价主要是消极的，那么他们对自己的评价也会是消极的。因此，家长对孩子千万不要吝惜表扬和赞赏，孩子哪怕是有一点点的进步，也应该及时给予肯定和表扬。因为多给孩子一些欣赏，他便会多一分自信。

可是，生活中，经常有家长全然不顾自己孩子的感受，当着外人的面这样评价自己的孩子："你看你女儿学习成绩多好啊，你看我女儿，总考六七十分，真让人着急……"孩子脸皮薄，父母应该了解，如果常常对孩子进行消极的评价，孩子慢慢也对自己产生了消极的评价，那就是"我不如别人"。随之，孩子也会对自己产生消极的心理暗示，那就是，我就是差，我好不了。孩子一旦给了自己这样一个定位，那他们就会真的变成一个自卑的孩子，家长再怎么批评，再怎么着急，恐怕他们也不会再改变了。

因此，家长一定要注意自己对孩子的评价，即便孩子考试考差了，或者说孩子存在这样那样的问题，也不要轻易指责他们或对他们做一些"定性"的评价，家长要做的是帮助他们找到问题存在的原因，然后和他们一起想办法改善目前的状况。最好的做法是学会欣赏孩子，找到孩子的闪光点和突破口，用这个闪光点来激励孩子，改变不足。

放过孩子的一个优点，也许就放过了一次孩子进步、成功的机会。在挫折教育大行其道的今天，学会欣赏孩子，给予孩子自信，也是必要的，因为孩子美好的性格是父母一手塑造出来的。父母要知道，对于孩子，你说他行，他就行；你说他不行，他就不行。你为他喝彩，他会给你一个又一个惊喜；你说他不如别人，他会用行动证明他真的很笨。

孩子更需要父母悉心的呵护和关爱，家长如果能够对孩子多一些欣赏的语言，孩子便会朝着你欣赏的方向去发展；相反，如果家长总是打击孩子，总是说"你英语怎么总是这么差啊！"这类的话，那么孩子并不会因为你这么说而从此英语变得好起来，你的语言反而让孩子觉得，他的英语就是这么差，而且是理所当然的就这么差。

有位妈妈这样叙述自己教育女儿的过程："女儿刚开始对写作文感到很头痛，经常不知道要怎么写，有时需要我跟她一起想，写完需要我帮她修改。尽管有时改动会比较多，但我仍然告诉女儿，这文章写得不错。而且我会告诉她，这篇文章比上篇文章有进步了，现在的文章比以前写得好了，现在妈妈改得少多了，基本上自己就能写得比较通顺了等。我想我对女儿的这些积极的心理暗示会有用。果然，女儿现在的作文真的比以前好了，而且自己也知道用一些好词了。女儿自己有时也会自信地问我：'妈妈，我现在的作文是不是比以前写得好多了啊？'我的回答当然是肯定的，我相信女儿还会不断地进步。"

可见，父母学会欣赏孩子，对孩子进行积极的心理暗示，有助于提高他们的自信。"自信源于成功的暗示，恐惧源于失败的暗示"。因此，家长要多给孩子一些成功的暗示，而不要把失败挂在嘴边。萧伯纳有句名言："有自信的人，可以化渺小为伟大，化平庸为神奇。"歌德也说："最真诚的慷慨就是欣赏。"对孩子而言，在他们的性格形成过程中，鼓励、表扬的积极作用要远远大于压制与批评。养育儿女，并不是物质上的绝对满足，很多家长应该把对孩子经济上、物质上的慷慨转移一下，慷慨表扬、慷慨赞美，满足孩子在心理上的需求，从而激发孩子上进的内在动力。自信心会让他形成一种积极的性格，这如同一双翅膀，能让他飞得更高、更快，如果没有这双翅膀，他或许会永远在地面上徘徊不前，永远都看不到前方那靓丽的风景。如果父母希望孩子飞起来，就多多地欣赏孩子，给孩子多一些自信吧！

孩子，请不要妄自菲薄

同样一件事情，对于一个人来说是件好事，但是对于另外一个人来说也许就是灾难，这完全取决于我们看待问题的角度。真正有智慧的人，从来不会嫌弃自己身上的缺点，而是像珍视优点一样珍视它们。他们习惯于冷静而乐观地看待这些瑕疵，甚至把这些瑕疵转化为自己生命中另一种美丽的装点。

有一个男孩，他觉得自己天生胆小，甚至有些自卑，这一点严重影响了他的生活。父母为此也很苦恼，于是决定带他去看心理医生。

医生耐心地听完介绍，握住他的手，非常肯定地说："你只不过非常谨慎罢了，这显然是个优点嘛，怎么能叫弱点呢？谨慎的人总是很可靠，总是很少出乱子。"

少年有些疑惑："那么，勇敢反倒成为弱点了？"

医生摇摇头："不，谨慎是一种优点，勇敢是另一种优点。只是人们通常更重视勇敢这种优点罢了，就好像白银与黄金相比，人们更注重黄金一样。"

医生问："你讨厌酒鬼吗？"少年说："当然。"

医生问："那你讨厌李白吗？"少年说："怎么会呢？"

医生问："难道李白不是酒鬼吗？"

少年纠正医生的话："不对，李白不是酒鬼，而是爱喝酒的诗人，他能斗酒诗百篇呢。"

医生笑道："对，我赞同你的观点，弱点在不同的人身上会呈现不同的色彩，有的喝酒人，仅仅是个酒鬼，而李白则是喝酒人中的诗仙。"

医生又说："天底下没有绝对的弱点。所谓的弱点，在一定条件下也可能转化为优点。如果你是位战士，胆小显然是弱点；如果你是位司机，胆小就可以说是优点。"

正如没有绝对的完美一样，这个世界上也没有绝对的优点和缺点。

优点和缺点是相对的，之所以有优点和缺点，是因为我们看待它们的出发点和角度不同。不管做什么事情，我们都不应该一味地局限于传统的思维。很多时候，只需要换一个角度，换一种心态，用积极的态度对待自己的弱点，就能够产生一个极其重要的作用，即能产生一种弥补的心理，产生一种开发的潜能、超越自我的强大动力。例如，世界文化史上的三大怪才就是这方面卓越的典范：文学家弥尔顿是盲人，大音乐家贝多芬双耳失聪，天才小提琴演奏家帕格尼尼是哑巴，他们身上存在着无法改变的缺陷，但他们用积极的心态变通地看待这一点，把这些缺陷变成激励自己的强大动力，使自己取得了卓越的成绩。

看看自己有哪些优点，有哪些缺点？再看看，哪些缺点可以转化成优点？如果可以，尝试着把自己的某一个缺点变成优点，为它寻找最适合它生存的领域。

不要妄自菲薄，而要理智客观地评价自己的缺点。即使是缺点，也需要一双欣赏它的眼睛，每个人的身上都有缺点，所以你无须自卑。

足够坚强的孩子能够实现梦想

西方有位哲人曾经说过:"一个人,从充满自信的那一刻起,上帝就开始伸出无形的手帮助他。"中国也曾有句古话:"自助者,天助也。"也许人们会怀疑在这个世界上有没有上帝存在,答案是当然有,上帝就是我们的自信心!

自信是一种积极乐观的生活态度,当我们遭遇失败和厄运的时候,我们会质疑自己,甚至会感到自卑。而一旦我们建立了自信,就会变得乐观、豁达,能够笑对生活中接踵而至的灾难和困境。很多时候,生活并非真的很糟糕,而完全取决于你以一颗怎样的心对待生活。由此可见,对待生活,我们一定要有自信心。只要你自信,困难就会像弹簧一样退缩,使你得以展示自己的力量。

在美国历任总统中,有一位总统格外受到人们的尊重,他就是布朗·德拉诺·罗斯福,美国第32任总统。当罗斯福还是参议员时,他潇洒英俊,才华横溢,深受人们的爱戴。

有一天,罗斯福在加勒比海度假,游泳时突然感到腿部麻痹,动弹不得,幸亏旁边的人发现和挽救及时才避免了一场悲剧的发生。但经过医生的诊断,罗斯福被证实患上了"脊髓灰质炎"。医生对他说:"你可能会丧失行走的能力。"但罗斯福并没有被医生的话吓倒,反而笑呵呵地对医生说:"我还要走路,而且我还要走进白宫。"这种坚定的自信,在他的演讲中感染了在场的每一个人。

在第一次竞选总统时，罗斯福对助选员说："你们布置一个大讲台，我要让所有的选民看到我这个患麻痹症的人，可以'走到前面'演讲，不需要任何拐杖。"当天，他穿着笔挺的西装，充满自信，从后台走上演讲台。他的每次迈步都让美国人深深感受到他坚定的意志和十足的信心。在罗斯福首任总统的1933年年初，正值经济大萧条风暴席卷美国，到处是失业、破产、倒闭、暴跌的情景，随处可见美国的痛苦、恐惧和绝望。罗斯福却表现出一种压倒一切的自信，他在宣誓就职时发表了一篇富有激情的演说，告诉人们：我们唯一害怕的就是害怕本身。正是由于罗斯福的自信和坚定的信念，才使得他成为美国政治史上唯一一位连任四届的伟大的总统。

罗斯福是美国政治史上唯一一位蝉联四届的总统，是美国最伟大的三位总统之一。而这一切，都是在他自己身患"脊髓灰质炎"的情况下实现的。年轻有为、意气风发的他，当面对突如其来的疾病时，非但没有像大多数人一样沮丧绝望、自暴自弃，反而发出了豪言："我还要走路，而且我还要走进白宫。"这是何等的气魄、何等的自信！正是因为这份自信，造就了这位美国历史上最伟大的总统。

面对命运的沉痛打击，面对生活的困厄，我们应该像罗斯福学习，学习他的积极乐观，学习他的谈笑风生。在平淡的日子里，我们要自信地面对生活中的诸多事情，在灾难面前，我们要用自信战胜突如其来的沉重打击，使自己勇敢地站起来。自信是一种顽强的力量，能够帮助我们度过艰难的时刻，迎来美好的未来。既然坚强和自信能够造就一位伟大的总统，那么，你的梦想自然也能够实现，只要你足够坚强、足够自信。

第三章

勇敢地面对人生的困境：太阳一直都在，只等乌云走开

俗话说："自古雄才多磨难，从来纨绔少伟男。"毕竟每个人的生活都不可能一帆风顺，谁都会遇到这样那样的困难，会经受大大小小的挫折。假如孩子见了困难就害怕，遭受挫折就退缩，那孩子在任何时刻都会胆怯。

永不放弃，就能守得云开

太阳每天都照常升起，只是我们有的时候看不到它而已。因为它就像一个顽皮的孩子，喜欢躲藏在乌云后面。生活也是如此，生活总是美好的，是值得被人们珍惜的，只是有的时候它会跟人们开一个小小的玩笑，使人有点儿措手不及，却又不得不面对。只要你能够乐观地面对，永不放弃，你就能守得云开。

等车的时候，远远地看见一个小孩子拉着妈妈走过来了，好像还在争论着什么。待他们走过来时我才听清楚，原来是在为去不去动物园看大象而争执。小孩子不依不饶："不嘛，不嘛，我就要去动物园看大象。"妈妈劝他："不是早说过了吗，今天出太阳了咱就去，但今天没有出太阳啊，而且天气预报说还可能下雨呢，还是改天再去吧。""妈妈骗我，今天出太阳了……"妈妈笑了起来，问道："是吗？那你说说，太阳到底在哪儿。"小孩子抬起头来，东看看西瞧瞧，然后指着天空喊："不是在那儿嘛。""没有啊，那只是乌云而已呀。""对呀！"没想到，小孩子一副非常认真的样子，"太阳就躲在乌云的后面呢，等一会儿乌云一走开，不就出来了吗？"

第三章 勇敢地面对人生的困境：太阳一直都在，只等乌云走开

周围等车的人都笑了。是呀，小孩子的话确实有道理：太阳每天都在天空中，虽然有的时候我们看不见它，那是因为它躲在了乌云的后面，一旦乌云散开了，不就出来了吗？

太阳每天都出来，正如生活每天都很美好，很值得被我们珍惜一样。当我们的生活偶尔被乌云遮住阳光的时候，不妨想一想这个小孩子的话。记住，永远都有云开的那一刻，只要你坚持下去。

1982年12月4日，尼克·胡哲出生了。刚出生的他不仅没有双臂，也没有双腿，只在左侧臀部以下的地方长着一只有两个脚趾头的小"脚"。他的父亲看到儿子居然长成这样，吓了一大跳，跑到医院产房外呕吐起来。即使他的母亲，也始终无法接受这个残酷的现实，直到四个月之后，她才抱起襁褓中的尼克胡哲。在医学上，尼克·胡哲这种罕见的现象被称为"海豹肢症"。

因为身体有残缺，尼克·胡哲非常痛苦，他10岁时曾经试图把自己溺死在浴缸里，但是他失败了。此时此刻，他的父母已经接受了他身体残缺的现实，并且开始积极地鼓励他战胜困难，努力生存。此后，尼克·胡哲创造了一个又一个奇迹，他不但学会了游泳，还学会了冲浪，他不但学会了用仅有的两个脚趾打字，还学会了写字、打高尔夫。尼克胡哲在冲浪板上做高难度旋转动作的图片被发表在美国一家杂志的封面上，此时此刻，尼克胡哲终于迎来了自己的人生转折点，他不再为自己

049

身体的残疾感到烦恼，而是坦然接受。

　　生命，对于每个人都只有一次，当上帝给你关了一道门的时候，他一定会为你打开一扇窗户。所以只要你耐心地等待，不放弃努力，坚信乌云终将会散去，你就一定能够迎来属于自己的阳光。

　　人生不可能每天都是阴天，你要学会在阴天里耐心地等待晴天，当遇到无法逾越的困难时，不如想一想温暖的阳光照耀在身上的感觉吧。即使此时此刻乌云蔽日，太阳也迟早会悬挂在晴空之中，人生就如天空，有阴有晴，我们要学会坦然面对。

坚定信念，扬起生命的风帆

　　希望，是所有人成功的起点；信念，是托起人生大厦的支柱！假如人生中缺少了这两种力量，那么人生一定会苍白无力，一事无成。只有信念坚定的人，才能够创造生命的奇迹。从某种意义上来说，希望是人生的种子，如果没有希望，人生必将无法开枝散叶。信念的力量则是种子的力量，能够鼓舞人们在绝境中坚持下去，直至胜利。因此，不管什么时候，我们都要满怀希望，并且坚定自己的信念，扬起生命的风帆。

　　一位喜欢旅游的朋友从新疆回来之后，给我讲了一个耐人寻味的故事。那天，他正在新疆的古尔班通古特沙漠里探险，一场突如其来的沙漠风暴使他迷失了前进的方向。更为可怕的是，他随身携带的干粮和水也在寻求躲避的时候被风沙卷走了。翻遍了全身上下所有的口袋，他只找到一个已经啃过一口的青苹果，拿起苹果他十分欣喜地叫了起来："呵呵，不错的，我还有一个苹果呢！"

随后，他紧紧攥着那个青苹果，漫无目的地在沙漠里寻找可能的出路。有好多次，当饥饿、干渴和疲劳一股脑儿袭来的时候，他真想一屁股坐下来美美地吃掉那个散发着甜味儿的苹果，但最终还是忍住了。

一天过去了，两天过去了……到了第三天中午，他拖着沉重的双腿爬上了一座沙丘，终于看见了几座放牧人的帐篷。他长出一口气，慢慢地展开了手，发现那个始终舍不得咬一口的青苹果，早已干巴得不成样子了。

听完朋友这个故事，我在深深赞叹之余，也深感惊讶：一个表面上看起来很不起眼的苹果，竟然有如此不可思议的神奇力量？

其实，仔细想一想，这哪里是苹果的神奇力量呀，分明是朋友信念坚定的力量！

朋友之所以保留着那个青苹果，正是为了保持自己心中的信念，使自己始终留存一份希望。假如手中没有那个苹果，他很可能放弃生的希望了，更无法看见放牧人的帐篷。有的时候，生机就在眼前，但是绝望的人却缺乏坚持到最后的信念和勇气。

很久以前，有一支探险队进入了广袤无垠的大沙漠之中。因为天气突变，他们在风沙之中迷了路。此时，每个人的水壶里都没有水了，大家又饥又渴，在死亡线上挣扎着……眼看着无边无际的沙漠，每个人都露出绝望的神情，他们不约而同地感受到了死亡的威胁。就在此刻，队长突然拿出一只沉甸甸的水壶，郑重其事地对大家说："我还有一壶水，不过在我们成功地走出大漠之前，谁都不许喝这壶水。"

听完队长的话，大家都两眼冒光地看着队长手中的水，似乎看到了生的希望。就这样，这壶水从队长手中传到了每个人的手中，队员们满怀希望地感受着那沉甸甸的水壶，似乎看到了生的希望。直至走出了沙漠，摆脱了死亡的阴影，大家才拥抱在一起喜极而泣，当他们用颤抖的手拧开壶盖时，却发现金色的细沙从水壶中缓缓地流淌出来。

到底是谁带领他们走出了绝境？只能说，是队长以沙子当水带给他们的希望与信念。

其实，人生中根本没有真正的绝境，人们常说天无绝人之路，不管处于何种境遇之中，只要我们满怀希望，始终坚持，就能够使心中那颗信念的种子生根发芽，就能使我们的生命开出绚烂的花朵！

绝望除了使事情变得更糟糕更无望之外，没有任何好处，不管什么时候，希望都是生命的种子，信念都是支撑人生大厦的支柱。如果没有希望，人生就会变成茫茫荒漠。信念的力量是巨大的，是它使人们有勇气和毅力创造生命的奇迹。

学会缓解压力，把握生活节奏

随着时代的发展，人们的生活节奏越来越快，生活压力也越来越大。为了生活得更好，我们应该学会缓解压力，否则，就会被压力压垮。如何缓解压力呢？举个最形象的例子，在挑担子的时候，我们应该学会双肩轮流挑，不要始终把担子放在一个肩膀上。不然肩膀就会被压肿，更严重的会被压垮。

有两个和尚，常常结伴到山下的河里去挑水。和尚A挑完水之后只是轻喘几口气，而和尚B挑完水之后总是累得够呛。和尚B想：瞧他那身板也没有我的壮，况且挑水的桶也不比我的小，可为什么他挑一担水丝毫不觉得累，而我挑一担水则累得不行呢？

几天后，他们又一次结伴去挑水。两个来回之后，和尚A似乎什么事也没有，而和尚B却是左肩膀又红又肿，于是他喊住和尚A，说："让我瞧瞧你的肩膀。"和尚A脱下衣服让和尚B看：两个肩膀啥事儿也没有，只不过微微泛红罢了。和尚B心里开始嘀咕：奇怪，我和他挑同样的担子走同样的路，为什么我的肩膀又肿又疼,而他的肩膀却毫发无损呢?

第三个来回,和尚B就要求两个人换一下水桶来挑。但挑着一担水上来之后,和尚B的左肩膀越肿越大了,而和尚A还是一点儿事也没有。和尚B越发迷惑不解了,就吩咐和尚A再挑水的时候走在前面,而自己在后面跟着,也好仔细地观察自己挑水和和尚A到底有什么不同,结果仍没有发现两人挑水有什么不同。

如此这般地折腾了几个来回,和尚A也对和尚B的"左肩膀红肿"感到奇怪了,就吩咐他走前头而自己在后面仔细地观察着。在走到半山腰的时候,和尚A终于找到了原因,就赶紧喊住他:"哎,你怎么不用两个肩膀轮换着挑水呢?"

"用两个肩膀轮换着挑水?"听了这话,和尚B顿时愣住了。

"是呀。人有左右两个肩膀,你怎么只用自己的左肩膀挑水呢?"和尚A边说边挑起自己的水桶,"你瞧,我现在用左肩膀挑水,如果左肩膀累了,就把水桶换到右肩膀上去。如此来回,肩膀又怎么会红肿呢?"

和尚B恍然大悟了:是啊,人有两个肩头,怎么能把担子老放在一个肩头上呢?于是,他效仿和尚A挑水,还是那么长的山道,还是那么重的一担水,但他的肩膀却不再疼痛难忍了。

因为学会了缓解压力,所以和尚A轻轻松松地把水挑到了山上，而和尚B的肩膀却被压肿了。生活也是同样的道理，假如我们始终把生活的重担放在一侧的肩膀上，那么，我们就无法为自己解压，导致直接被压垮。当然，在生活中，缓解压力的方式有很多，并非像挑担子一样只能轮换肩膀。其实，我们也可以在忙碌的工作之余去旅游，从而释放我们的压力。还可以在疲惫的时候泡个热水澡，或者去健身房锻炼。女性朋友还可以练习时下流行的瑜伽，这些都是很好的解压方式。总而言之，只要能使你紧绷的神经放松片刻，使你疲劳的身体得到舒缓的，都是缓解压力的好方式。

钱是挣不完的，有钱而没有健康的身体，是人生最大的悲哀。所以我们要学会休息。工作是别人的，身体是自己的，因为忙于工作而损害自己的身体健康是不值得的。没有人愿意整日劳累，但是大多数人都为生活所迫，如何把生活的节奏调整好，这是每个现代人都需要面对的问题。就像小和尚挑水那样，我们不要把所有的苦难都放在同一侧肩膀上。

逆境，能造就一个人

很久以前，有个女孩大学毕业后始终没有找到合适的工作，她想不明白自己寒窗苦读十几年，为何在好不容易走出象牙塔之后却不能找到合适的岗位，实现自己的价值。为此，她始终郁郁寡欢，一蹶不振。随着在家待着的时间越来越长，她甚至不能再鼓起勇气继续寻找工作。她的口中满是抱怨，常常当着父母的面感慨人生迷茫，完全没有方向。她甚至想放弃生命，却又不忍心让父母伤心。意识到女孩儿的危险状态之后，当厨师的父亲想出了一个办法，他决定给女儿上一节特殊的课。

父亲拿出三口锅，然后在三口锅里加入了同等量的水，再把锅里的水都烧开。之后，父亲才郑重其事地请出今天的主角，那就是萝卜、鸡蛋和咖啡。父亲分别把萝卜、鸡蛋和咖啡放入对应的锅里，然后开足火力开始加热。很快，锅里的水就沸腾了。女儿不知道父亲想做什么，非常疑惑地看着父亲。父亲一言不发，面带微笑地要求女儿认真观察锅里的情况。在沸腾的水中，萝卜变得越来越软，最后居然被煮成了糊。鸡蛋呢？则凝固成蛋白和蛋黄。只有咖啡，变得越来越香，让整个屋子里都弥漫着浓郁的咖啡香味。

父亲问女儿："你从这里面能得到什么样的感悟呢？"女儿不知所以，父亲笑着告诉女儿："其实做饭也就像是在经营人生，不同的方式会得出不同的结果，就像这三口煮沸的锅，正象征着人生的逆境。因为对待逆境的方式不同，人们也会得到不同的结果。看看吧，萝卜变得又软又糊，就是因为它已经对逆境妥协，失去了自己的本色；鸡蛋从之前的液体状态变得那么坚韧，但是，它虽然没有妥协，却也没有融入环境之中，还用坚硬的壳把自己完全封闭起来；只有咖啡，它把自己彻底地融入沸水之中，让原本清澈无味的沸水因为它变得浓香怡人，也受到了很多人的欢迎。人生也是如此，如果固步自封，或者是随意地妥协，那么就会失去自己。相反，只有把自己融入不能改变的外部环境中，才能让周围的一切都因为你而得到改变。"女儿听了父亲的话恍然大悟，原来一直以来她把自己封闭起来，对外界充满了抱怨，固执地与外界对抗，所以才会陷入这样艰难的处境之中。女儿笑着对父亲说："我应该把自己变成一杯咖啡，这样才能够融入环境，也让自己更加浓香怡人。"父亲微笑着点点头。

人生中，有谁会只经历顺境，而不经历逆境呢？可以说每个人都会经历逆境，既然逆境是不能改变的，那么我们就把自己融入逆境之中，这样才能够改变自己。有人说，伟大是熬出来的，这是因为人从来不是生而伟大的，每一个伟大的人都是在命运的磨难中砥砺前行，不断地坚持，才能够铸就伟大！我们必须相信每个人的存在都有其理由，也要相信我们自身的存在是有价值的。在这种情况下，我们必须要实现自己的价值，创造自己生存的意义，才能够成就最优秀伟大的自己。

在这个世界上，每个生命都是独一无二的存在。在顺境中，当然可以更好地发挥自身的能力，让自己不断地成长。而一旦遭遇逆境，如果总是自我放弃，那么就会让梦想变得干枯。在这种情况下，我们必须在这个世界上努力认真地去生存，也拼尽全力去改变和成就自己，才能融入环境，真正实现自己的人生目标，也最大限度地与环境完美地交融在一起。在人生的路途中，每个人都会经历各种各样的境遇，即使是孩子，也会有自己的烦恼和挫折。只有把逆境看作是人生赠予我们的一份珍贵礼物，把各种各样的坎坷和磨难都看成是磨炼意志的绝佳机会，我们才能真正地融入逆境，才能够在战胜逆境的过程中培养自己坚韧不拔的精神，让自己获得战胜逆境的真正办法。记住，人生从来不是顺遂如意的，一个人要想真正崛起，就要充满信心，就要拥有相信自己的力量。

当感觉到自己的心情沉重，人生举步维艰的时候，很多人都会采取自我封闭的态度。实际上，这样的做法是非常不理智的，因为当一个人把自己严密地包裹起来，他就没有机会寻找更好的解决办法。明智的做法是打开自己的心扉，向自己信任的人倾诉，哪怕只倾诉，最终没有结果，也能让我们的心结解开，也能让我们得到他人的理解和支持。当然，每个人缓解自身情绪的方法都是不一样的，例如，有的人喜欢远足，有的人喜欢四处走一走，看一看，有的人喜欢唱歌，有的人喜欢跳舞。

总而言之，不管是哪种方式，只要是能够对人产生积极作用的方式，就都是有效的。情绪就像一条河流，应该始终处于流动的状态，而不应该如同一汪死水一样。对于人生的逆境，我们每个人也会采取不同的方式去开解，自己帮助自己走出逆境。无论如何，不管人生经历多少坎坷挫折，我们都应该成就最优秀的自己，都应该怀着阳光的心态，在逆境中始终积极向上。唯有如此，我们才能够在逆境中收获更多，才能够在逆境中真正成就自己。常言道："宝剑锋从磨砺出，梅花香自苦寒来。"正是逆境才造就了坚强的人，才让每个人都能够在人生中绚烂地绽放。

坦然面对生活中的风雨

王献之七八岁时始学书法，师承父亲。有一次，王羲之看献之正聚精会神地练习书法，便悄悄走到背后，突然伸手去抽王献之手中的毛笔，献之握笔很牢，没被抽掉。王羲之夸赞他："此儿后当复有大名。"

十来岁时，他自认为字写得不错了。一天，他去问父亲："我的字再练三年就够好了吧？"王羲之笑而不答，母亲摇着头说："远着呢！"献之又问："那，那五年呢？"母亲的头仍旧摇着。献之急着追问："那究竟多少年才能练好字呢？"又问道："父亲，大家都说您的字写得好，那有什么秘诀？"王羲之看看儿子，心想这书法没有扎实的基本功，怎么可能入人眼目呢，于是他走到窗前，指着院内的一排大缸说："你呀，写完那十八口大缸水，字才有骨架子，才能站稳腿呢！"

王献之听了心里很不服气,暗自下决心要显点本领给父母看。

于是他天天按父亲的要求,先从基本笔画练起,苦苦练了五年。一天,他捧着自己的"心血"作品给父亲看。王羲之没有作声,翻阅后,见其中的"大"字架势上紧下松,便提笔在下面加一点,成了"太"字,然后把字稿全部退还给献之。小献之心中有点不是滋味,又将全部习字抱给母亲看。母亲则仔细地揣摩,许久才叹了口气说:"我儿字写了千日,惟有一点似羲之。"献之走近一看,惊傻了!原来母亲指的这一点正是王羲之在大字下面加的那一点!献之满脸羞愧,自感写字功底差远了,便一头扑进书房,天天研墨挥毫,刻苦临习。聪明的王献之深深的体会到写字没有捷径,只有"勤"字。

不知又经过了多少个日日夜夜,他的书法大有长进。后来终于成为举世闻名的书法家,与父齐名,并称"二王"。

经历挫折,信心和勇气就会增强

面对失败,你是选择放弃,还是选择越挫越勇,这决定了你将拥有怎样的人生。成功者从来不畏惧,不逃避,而是借助失败的机会磨炼自己的意志,使自己变得更加坚强。面对失败,真正的强者勇于把"失望"变成"动力",更能够像蚌壳那样,把给自己带来无限痛苦的沙砾孕育成珍珠。在挫折这所学校里，假如孩子采取正确的态度学习，就会使他们自己变得越来越强大，假如采取怯懦的态度逃避，那么，他们就会变得越来越软弱无能。心理学家认为，每战胜一次失败和挫折，孩子对失败和挫折的恐惧感就会减少一分，信心和勇气也就增强一分。

一位高三女生因为无法忍受高考的压力，所以决定用跳楼来结束自己的生命。她爬上15层高的教学楼顶层，跨坐在楼顶平台边，在生死之间徘徊。这时，楼下已经聚集了围观的很多人，也有人报了警。这时，一个路人自告奋勇，说他能劝服女生，说完他就上了楼。

女生听到身后有脚步声，就回头大声喊道："你不要过来，再过来我就跳下去了。"这个人仿佛没听到女生的话，依旧往前走，说道："其实我也是来跳楼的，我真的觉得我活不下去了。"

女生听到这话很吃惊，就问他为什么也想跳楼。这个人缓缓地说道："其实我有这个想法很久了，只不过一直缺乏勇气，刚才我在下面走，看到你正坐在这里，我想难道我还没有一个小女孩有勇气吗？所以我就上来了，这样即使我一时缺乏勇气，你也会鼓励我的。"

女孩更好奇了，就追问他到底有什么事想不开，这个人说道："唉，真是一言难尽啊。我在我们单位辛辛苦苦地干了十年，结果忽然改革，我就彻底回家了，我已经一年多没工作了，老婆受不了这样的日子，就带着孩子走了，我都好几个月没看到孩子了。更不幸的是，就我这种条件居然还被小偷光顾了，我现在真是一穷二白，要什么没什么了，我的父母不在了，我也没有兄弟姐妹，你说我还活着干什么，还不如早点死了去找我父母呢！"说完他开始大哭起来。

女生静静地听着，劝道："你不要哭了，既然现在的你是一穷二白，说不定以后就会比现在好了吗？跳楼有什么用，你想做一个逃避责任的父亲吗？"那人想了想，点了点头说："你说得对，以后的日子再差也不会比现在差了。别光说我了，那你呢？你既然能开导我，那你的遭遇一定比我惨，说说看。"

女生沉思了一会儿，说："现在我已经没什么事为难了。"说完就站了起来，向楼梯走去。

哲学家科林斯曾经说过："倘若一个人不经历挫折的考验，那么成功于他而言只能是暂时的表象，不管对谁来说，只有历经挫折和磨难，成功才能像纯金一样发出熠熠的光芒。"每一个人都应当记住，挫折并不可怕，最可怕的是，面对挫折只知道逃避，却不知道总结经验和教训。一时的挫折和失败不应该成为你消沉堕落的借口，而应该成为你继续奋斗的动力。

失败了，不要哭泣，不要逃避，更不要放弃，而应该勇敢地迎接失败，从失败中吸取经验和教训。失败是成功之母，没有失败，就没有成功。没有任何人的人生是与失败绝缘的，就像没有任何人能够拒绝阴雨的天气。我们唯一能做的就是做足准备，坦然面对。每失败一次，我们就离成功更近一步，当然，前提是你越挫越勇，有勇气重新来过。

第四章

坚持去做梦想的开拓者：有信念的人永远不会被打败

如果把人生比作杠杆，信念就好比它的支点，只有具备这个恰当的支点，才能成为一个强大而有力量的人。可以说，孩子的信念，将决定他的人生。信念的力量是无穷的，一旦孩子拥有了信念，不管在任何环境中、任何竞争中，都有可能获胜。

梦想是引航灯，指引人生方向

梦想就像一盏引航灯，指引着我们的人生之舟朝向既定的方向航行，帮助我们实现梦想。然而，在现实生活中，大多数人都没有实现自己的梦想，究其原因，是因为他们没有坚持自己的梦想，没有将其当成自己人生的引航灯，只是把它作为一个纯粹的梦想，一个说说而已的梦想，说完了，就抛诸脑后了。而那些凤毛麟角的成功者，他们之所以成功，恰恰是因为他们坚持了自己的梦想，始终在为自己的梦想不懈地努力。也许，你会说你也有梦想，但是，你切实去做了吗？梦想的实现不是源于口头说说或者一时的想法，而是源于长久不懈的努力和一点一滴的积累。

有个叫罗迪的英国退休教师，一天，他在阁楼上整理自己的物品，发现了一叠练习本。这是他50年前所教的那批学生的作文，题目是：《未来我是……》罗迪随意地翻着，很快他就被孩子们那些五花八门甚至出奇的梦想吸引住了：一个小家伙说，未来的他会成为海军大将，指挥着全国的海军部队，威风得很；有一个说自己将来会成为法国总统，因为他的爷爷是个法国人；有一个小姑娘说，她将来会成为王妃，和王子坐着南瓜车，还住在城堡里；有一个盲童，说自己想成为内阁大臣。

第四章 坚持去做梦想的开拓者：有信念的人永远不会被打败

还有想成为海豚训练师的，有想当领航员的，有想成为香水制造师的……孩子们的梦想千奇百怪，天马行空。

看着看着，罗迪忽然产生了一个想法：曾经有过梦想的这些孩子，现在在做什么呢？他们是否实现了当初的梦想呢？他想把这些本子还给50年前的那些孩子。于是他在很多报纸上刊登了这则启事。

一年过去了，那叠练习本渐渐被人领走了。他们感谢老师还留着50年前的作文，他们看到自己当初的梦想，都感动得流下了眼泪。可是，他们谁也没有实现自己的梦想。最后，还剩下一个练习本没人认领，它的主人就是那个想成为内阁大臣的盲童大卫。罗迪想，也许大卫无法看到报纸，不知道这个消息吧。

就在罗迪想把那个本子收藏起来的时候，他收到了内阁总理大臣布伦克特的一封信。他在信中说："亲爱的罗迪老师，那个叫大卫的孩子就是我。感谢您还为我们保存着儿时的梦想，但是我想我不需要那个本子了，因为从种下那个梦想后，它就一直存在于我的脑海中，我一天也没有忘记。50年过去了，我可以自豪地说，我实现了那个梦想！"

作为老师，罗迪一定认为那个盲童的梦想在所有学生的梦想中是最难实现的，因为他的双目看不到任何东西，这就注定了即使他像常人一样生活，也必须付出加倍的努力，更何况成为内阁大臣呢？出乎他的意料，在所有健全的学生之中，没有任何人实现了自己的梦想,只有这个盲童实现了——他成了内阁总理。因为他一直把梦想刻在自己的脑海里,甚至超越了自己的梦想。从大卫的身上,我们应该得到启迪:从今天开始也把自己的梦想刻在心里。不要因为有些事情遥不可及就放弃。随着时间的流逝,只要你不断地努力,它终将被实现。梦想即使非常遥远,只要你一步一步地跋涉,终有一天,你会实现自己的梦想,甚至超越自己的梦想。你想成为怎样的人,你最终就会成为怎样的人。你的未来取决于你的梦想和决心。从今天开始,为自己树立一个远大的理想,并且将其深深地刻在脑海中吧,它会指引你不断地走向成功!

抓紧时间,让自己的梦想逐一实现

关于漫长而又短暂的一生,几乎每个人都有自己的构想。我们有太多的梦想还没有来得及实现,我们有太多的风景还没有看过,然而,不经意间,时间已经悄然流逝了。对于人生,每个人都有自己的规划和人生蓝图,而要想使自己的梦想逐一实现,我们就必须得抓紧时间了。

美国探险家约翰·戈达德15岁的时候,只是洛杉矶郊区一个没见过世面的孩子,他把自己一辈子想干的大事列了一个表,并把它命名为"一生的志愿"。表上列着:到尼罗河、亚

第四章 坚持去做梦想的开拓者：有信念的人永远不会被打败

马孙河和刚果河探险；登上珠穆朗玛峰、乞力马扎罗山和麦特荷恩山；驾驭大象、骆驼、鸵鸟和野马……每一项都编了号，一共有127个目标。

当戈达德把梦想庄严地写在纸上之后，他就开始抓紧一切时间来实现它们。16岁那年，他和父亲到了乔治亚州的奥克费诺基大沼泽和佛罗里达州的埃弗格莱兹去探险。这是他首次完成了表上的一个项目，他还学会了只戴面罩不穿潜水服到深水潜游、开拖拉机，并且买了一匹马。20岁时他已经在加勒比海、爱琴海和红海里潜过水了。他还成了一名空军驾驶员，在欧洲上空做过33次战斗飞行。他21岁时已经到过21个国家旅行。22岁刚满，他就在危地马拉的丛林深处发现了一座玛雅文化的古庙。同年他就成为了"洛杉矶探险家俱乐部"有史以来最年轻的成员。

接着他就筹备实现自己宏伟壮志的头号目标——探索尼罗河。戈达德26岁那年，他和另外两名探险伙伴来到布隆迪山脉的尼罗河之源。尼罗河探险之后，戈达德开始接连不断地加速完成他的目标：1954年他乘筏漂流了整个科罗拉多河；1956年探察了长达2700英里的刚果河；他在南美的荒原、婆罗洲和新几内亚与那些割取敌人头颅作为战利品的食人生番族一起生活过；他爬上过阿拉拉特峰和乞力马扎罗山；驾驶过超音速两倍的喷气式战斗机飞行；写了一本叫《乘皮艇下尼罗河》的书；担任专职人类学者之后，他又萌发了拍电影和当演说家的念头,在以后的几年里,他通过讲演和拍片为他下一步的探险筹集了资金。

将近60岁时,戈达德看起来依然年轻、帅气,他不仅是一个经历过无数次探险和远征的老手,还是电影制片人、作家和演说家。戈达德已经完成了127个目标中的106个。他获得了一个探险家能够享有的所有荣誉,其中包括成为英国皇家地理协会会员和纽约探险家俱乐部的成员。在旅途中,他还受到过许多人士的亲切会见。

戈达德在实现自己的目标的征途中,有过18次死里逃生的经历。他说:"这些经历教我学会了百倍地珍惜生活,凡是我能做的我都想尝试。"

他指出,每个人都有自己的目标和梦想,但并不是每个人都去努力实现它们。"检查一下你的生活,并对自己提出这样一个问题是很有好处的:'假如我只能再活一年,那我准备做些什么?'我们都有想要实现的愿望,那就别延宕,从现在就开始做起!"

一生之中的127个宏伟志愿,约翰·戈达德已经实现了106个。对于他而言,实现这些志愿的经历无疑是一笔非常宝贵的财富。他之所以能够实现这么多的志愿,关键是因为他想到了就马上去做,没有一刻耽误。其实,每个人都应该为自己列一张志愿清单,因为谁都无法确定今天是不是自己生命的最后一天,今年是不是这辈子的最后一年。

定下目标，马上开始行动

人们常说"想一尺不如行一寸"。这句话的意思与本节的标题有着异曲同工之妙。很多时候，即使我们有很多的想法，无数的计划，如果不落到实际行动上，那么这些想法和计划就没有任何意义。一百次心动也不如一次行动，即使想得再多，若不付诸行动，就永远是空想。有一位哲人曾经说过，想得好是聪明，计划得好更聪明，但是，只有做得好才是最聪明又最好的。

哈里是美国海岸警卫队的一名厨师，他在空余时间帮同事们写情书，写了一段时间以后，他突然发现自己爱上了写作。于是，他给自己定了一个目标：用两到三年的时间写一部长篇小说。定下这个目标之后，哈里就开始行动起来。

每天晚上，别的同事都去娱乐了，只有哈里躲在屋子里写个不停。两年过去了，虽然哈里还没有写出一部长篇小说，但是他已经积累了很多写作经验。就这样整整写了8年，哈里终于第一次在杂志上发表了自己的作品，虽然那只是一个小小的豆腐块而已，稿酬也不算多，但是哈里没有灰心，因为他从中看到了自己的潜能。

从美国海岸警卫队退休以后，哈里仍然写个不停。稿费没有多少，欠款却越来越多了，有时候，他甚至连买一个面包的钱都没有。尽管如此，他依然坚持不懈地写着。朋友们见他实在太穷了，就给他介绍了一份到政府部门工作的差事，可是哈里拒绝了，他说："我要做一个作家，我必须坚持不停地写作。"

又经过几年的努力，哈里终于实现了当年的愿望。为了完成这本书，他整整花费了12年的时间，忍受了常人难以忍受的痛苦。因为不停地写作，他的手指已经变形，视力也下降了很多。不过，这一切都是有回报的。这本书出版以后引起了巨大的轰动，仅在美国就发行了160万册精装本和370万册平装本，这部小说还被改编成电视连续剧，观众数量超过了1亿3000万。哈里因此获得了普利策文学奖，收入一下子超过500万美元。这部小说就是我们耳熟能详的《根》。

在大多数人看来，厨师与作家之间无疑隔着千山万水，需要不停地跋涉。然而，自从萌发了当一名作家的念头后，厨师哈里就坚持不懈地努力着。在漫长的岁月中，他的付出没有得到任何回报，但是，他却始终坚持着。直到12年以后，哈里的付出才得到了巨大的回报，一举成名。假如他像大多数人一样在开始行动之前就搁置自己的梦想，那么，他将永远是一名厨师，与作家无缘。

有一句广为流传的广告词说，心动不如行动，尽管行动了未必能够获得成功，但是不行动是万万不会获得成功的。生活不会因为你知道什么而回报于你，也不会因为你想做什么而回报于你，要想从生活那里得到回报，只有一点，那就是你真正做了些什么。在面对困难或者障碍时，一个主动行动的人会积极地改变现状，尽自己所能克服困难。总而言之，只有行动才能产生切实的结果，只有行动才能助你走向成功。一切伟大的目标和计划，最后都必须落到实际行动上才能实现，所以说，行动是实现梦想的保证。

希望，是心灵的一剂良药

莎士比亚说："治疗不幸的药，只有希望。"希望，是心灵的一剂良药。很难想象没有希望的生活，我们将是怎样的沮丧、悲观，而希望之于人生，恰如机油之于汽车。一辆汽车，只有拥有好的机油，才能拥有强劲的动力。希望，带给人生以活力、企图、坚强与生命力。希望，是一种发自内心的情绪和希冀。对于每一个人来说，生活都是一面镜子，你对它微笑，它便对你微笑；你对它愁眉苦脸，它便以哭脸对待你。只有满怀希望的人，才能够从内心深处绽放希望的笑颜，才能够得到生活回报的笑脸。只要你的内心深处怀有希望，不管处境多么糟糕，生活的镜子都会为你折射出光芒，照耀你的人生。

法国小男孩布莱耶7岁那年，不小心被利器刺伤了眼睛，不久后便双目失明了。

几年后，布莱耶就读于一家盲人学校，开始学习用手指摸读26个字母。当时用于盲人摸读的字母很大,一篇短文就得用几个大本子刻写,非常不方便。布莱耶下定决心要发明一种使用方便的摸读法。后来,他听说一位法军上尉能在黑暗中写字,认为这对他非常有帮助,于是就专程去求教。经过潜心研究和反复探索,布莱耶终于发明了一种简便科学的摸读法。

在布莱耶的精心辅导和帮助下,一位双目失明的姑娘熟练地掌握了这种摸读法,并将它用于弹奏钢琴。在一次音乐会上,这位姑娘的钢琴独奏引起了轰动,人们的掌声经久不息。在致感谢词时,她说道:"在这里,我首先要感谢的就是布莱耶先生,是他教会了我这个盲人认字,这样我才有可能弹奏钢琴。"

当人们对布莱耶报以热烈的掌声时,他激动得热泪盈眶,说道:"这是我一生中第三次流泪,第一次是7岁失明时,那时我感到前途一片黯淡;第二次是我发明了这种简单的摸读法,感到重新燃起了生活希望;而这一次,是因为我觉得我不是一个失败者。一个人只要拥有希望,就永远不会无路可走。"

对于一个人而言,最大的资产是希望,最大的破产是绝望。希望是生活的风帆,如果没有希望,我们就会失去人生的方向。只有充满希望,才能够在人生的大风大浪之中扬帆起航。如果一个人的内心被绝望的乌云笼罩,那么,他就无法看到生命的光芒,人生也会暗淡无光。

挑战，是孩子进步的阶梯

人生的高度是永无止境的，人生就是一个阶梯又一个阶梯不断地上升。而挑战，则是人生进步的阶梯。假如没有挑战，人生就会止步不前，始终处于原地；假如没有挑战，人生就没有进步，时刻面临退步。

一位音乐系的学生跟随一名指导教授练习弹钢琴。他刚刚走进练习室，就发现钢琴上摆着一份全新的乐谱。"超高难度……"他一边翻动，一边喃喃自语，觉得眼前的这份乐谱对于他而言简直是无法逾越的高度。三个月以来，指导教授每次上课之前都要在钢琴上放一份高难度乐谱，让他练习。虽然他每次都非常刻苦地练习，但是始终无法顺利地演奏出教授为他准备的乐谱，最使他感到压力的是，教授每次上课前都会为他准备一份更难的全新的乐谱。终于，他再也忍不住了，问教授为什么要这么为难他。对于他的质疑，教授微笑不语，只是拿出了第一份乐谱，让学生演奏。学生开始演奏，却惊喜地发现原本弹得非常生涩的乐谱如今特别纯熟了，完全有种驾轻就熟的感觉。后来，学生又行云流水般地演奏了第二节课堂上教授为他准备的那个乐谱，依然非常熟练。

原来，教授正是以这种方式来训练自己的学生，他一次次地提高难度，让学生主动地提升自己，久而久之，学生演奏的水平在不知不觉中就变得越来越高了。

在生活中，不管你是学生还是职员，不管你是白领还是老板，只要你想提升自己的水平和能力，都可以采用上面的方法。其实，不管从事什么职业，也不管在哪个领域工作，我们都应该不断挑战自己、超越自己，这样才能有所成就。

适当为自己制订一些需要努力才能实现的目标，这样有利于督促你不断地提高自己。当觉得吃力的时候，一定要坚持下去，这正是在你竭力学习的过程中，你的水平也会越来越高。

满怀信心，向希望奋进

众所周知，自信的人更容易成功。和悲观怯懦的人相比，自信的人更容易充满希望和信心，在举步维艰的逆境中，他们有更大的力量和勇气坚持下去。试想，如果人们一遇到困难就唉声叹气，就绝望地放弃，又如何能够获得成功呢？要想成功，就必须坚定自己的信念，鼓足勇气，满怀信心，向希望奋进。伟大的航海家哥伦布曾先后4次率领船队横渡大西洋，发现了加勒比海内所有的岛屿，以及中美洲海峡和南美洲大陆，这一切成就的取得，都源于他坚定的信念和远见卓识。

1492年8月的一天，哥伦布带领着一批人从西班牙出发了，他们受西班牙国王的派遣，去寻找"新大陆"。船队在无边无际的大海上航行了一个多月，始终看不到陆地的影子，放眼望去只是一望无际的海水。船上的水手纷纷感到沮丧至极，没有人不后悔和这个叫哥伦布的疯子来探索什么新陆地！水手们都离开了自己的岗位，有的人懒洋洋地躺在甲板上，嘴里不停地骂骂咧咧；有的人则忍不住去质问哥伦布，问他究竟要把这么一船人带到哪里去，"陆地在哪里？""鬼才知道！""这样的日子什么时候到头？""我不干了，我要回去！"这样的喊叫声此起彼伏。然而，哥伦布从未因此动摇过，他信心百倍地对水手们说："我向大家保证，3天之后我们就能够找到陆地，到那时，我将给大家双倍的奖励。"

果然不出所料，3天后的早晨，一名水手站在高高的桅杆上惊喜地叫了起来："陆地！陆地！大家快来看！"大家借着初升的太阳，看见了不远处平坦的沙丘。他们拥抱着、跳跃着，更有人兴奋得跳起舞来。这块陆地被哥伦布命名为圣萨尔瓦多，意为"救世主"。曾经抱怨不喋的水手也因此对哥伦布崇拜不已。

坚定的目标和信心是一个人在成功路上扬帆远航的最好指南针，有了它，没什么困难可以让你止步不前。

哥伦布之所以能够获得成功，正是因为他始终坚持。在现实生活中，没有人的人生是一帆风顺的，在遇到困难的时候，你是像哥伦布一样凭借坚定不移的信念坚持到最后，还是毫不犹豫直接放弃，怎么选择，这几乎决定了你能否走向成功。看看那些成功人士的历史，他们的成功经历几乎都是百转千回的，因为没有人能够轻而易举地获得成功。除此之外，我们还要富于远见卓识，不要被现实的框架所限制。要知道，那些能够取得成功的人都有着发散性的思维和长远的眼光。他们不会因为眼睛只能看到寸土之地而使自己的思维受到局限，而是放眼未来，努力使自己站得更高，看得更远。

第五章

先学会掌控自己的情绪：才能度过生活中的风风雨雨

> 童年时期的孩子，他们的心智、情绪最容易受到父母的影响。但许多父母并没有意识到情绪对孩子一生的影响。只有让孩子从小学会控制自己的情绪，引导他们正确表达情绪，才能让他们正确管理情绪。

让孩子做一个内心强大的人

心理承受能力关乎到一个孩子的成长状况,一个心理承受力强的孩子,情绪稳定,意志顽强,积极进取,敢于冒险,乐于尝试新鲜陌生的领域,面对挫折和变化也能保持乐观,百折不挠,越战越勇。而一个心理承受力弱的孩子,会表现得退缩、耐性差、懦弱、焦虑和自卑,面对困难缺乏坚持,面对自己不熟悉不擅长的领域,宁可不做,因为不做就不会输。北京大学儿童青少年卫生研究所公布的《中学生自杀现象调查分析报告》显示:中学生5个人中就有1个人曾经考虑过自杀,考虑过自杀的人数占样本总数的20.4%,而为自杀做过计划的占6.5%。其根源都与心理承受力有关。

其实,不光是中学生,对于童年的孩子来说也是如此,不少脾气暴躁、易怒的儿童都有着心理承受力差的弱点。我们的孩子将来会生活在一个更多变的社会,他们将会面对职场的激烈竞争、复杂的人际关系,也免不了遭遇情场失意、事业困境、生意败北……总有一天,我们要先孩子而去,不如早点把世界交到他们手中。孩子的心理承受能力,直接关系到他们的人生是否幸福。

因此,帮助我们的孩子疏导情绪,强化孩子的心理承受能力，是父母给予孩子受益一生的珍贵礼物。

为此，儿童心理学专家建议父母用以下方法帮助孩子疏导情绪，提升其情绪管理能力和心理承受能力。

1. 告诉孩子发火前长吁三口气

要告诉孩子发火前长吁三口气，事实上，很多事情都没有你想象得么严重。如果不学着控制自己的情绪，任着性子大发脾气，不仅解决不了问题，还会伤了和气。

2. 告诫孩子正确地宣泄自己的情绪

孩子的心理是脆弱的、敏感的、容易受伤的，他们也会悲伤沮丧，此时，你可以告诉他们，不妨哭出声来。你要告诉他们，一个坚强的人并不是不能哭，在过度痛苦和悲伤时，哭也不失为一种排解不良情绪的有效办法。哭不仅可以释放体内的毒素，还能释放能量，调节机体平衡。在亲人和挚友面前痛哭，是一种真实感情的爆发，大哭一场，痛苦和悲伤的情绪就减少了许多，心情就会畅快很多。流眼泪并非懦弱的表示。所以，你可以告诉孩子，该哭当哭，该笑当笑，但要把握好一个度，否则会走向反面。

3. 事件结束后，帮助孩子正确梳理情绪

等事件结束，心情基本平定后，帮助孩子做自我反省，就能较理性、客观地看待分析问题；反省的另一层意义是，再一次经历当时的情绪波动，但脱离了现场，情绪压力再一次释放的同时也得到缓解。

总之，孩子的心理承受能力与大人不同，一些小事都可能引起他们的过激行为。父母要在平时管教孩子时，多注意他们的心理健康教育，并帮助孩子认识自己的情绪、管理自己的情绪，让其保持稳定的心境！

引导孩子自我调节，摆脱焦虑

对于孩子来说，可能每天都面临着焦虑，比如，考不好被老师批评怎么办？考试前生病了怎么办？新同学不喜欢我怎么办……但无论如何，这都是未发生的事，此时的你只有摆脱这些恐惧和焦虑，才能以最好的状态迎接明天。德国的一位哲学家曾讲过这么一段话：没有什么情感比焦虑更令人苦恼了，它给我们的心理造成了巨大的痛苦。焦虑并非由实际威胁所引起，其紧张、惊恐的程度与现实情况很不相称。因此，通常来说，焦虑是无谓的担心。我们要彻底摆脱使人苦恼的焦虑，就要选择平静身心。

沐浴着和煦的春风，师傅带着小和尚来到寺庙的后院，打扫冬日里留下的枯木残叶。小和尚建议："师傅，枯叶是养料，快撒点种子吧！"师傅说："不着急，随时。"种子到手了，师傅对小和尚说："去种吧。"不料，一阵风起，种子撒下去不少，也被吹走不少。小和尚着急地对师傅说："师傅，好多种子都被吹飞了。"师傅说："没关系，吹走的净是空的，撒下去也发不了芽，随性。"刚撒完种子，飞来几只小鸟，在土里一阵刨食。小和尚连轰带赶，然后向师傅报告："糟了，种子都被鸟吃了。"师傅说："急什么，种子多着呢，吃不完，随遇。"半夜，一阵狂风暴雨。小和尚来到师傅房间，他哭着对师傅说："这下全完了，种子都被雨水冲走了。"师傅答："冲就冲吧，冲到哪儿都是发芽，随缘。"日子一天天过去，昔日光秃秃的地上长出了许多新绿，连没播到的地方也有小苗探出了头。小和尚高兴地说："师傅，快来看呐，都长出来了。"师傅依然平静如昔，说："应该是这样吧，随喜。"

这则故事告诉我们，人生无常，只要我们保持内心平静，那么，无论外面的世界如何变幻，我们都能不为情感所左右，不为名利所牵引，从而洞悉事物本质，坦然面对。从这里我们可以看到，内心安宁，人就会活得更轻松。同时，内心安宁、不焦虑也是让我们不断前进的保证。相反，面对激烈的竞争，面对瞬息万变的环境，那些内心焦虑的人往往看不清自己，也就不能及时察觉自身的缺点，尽快调整自己的发展方向，必然会在学业和事业中落伍，最后被残酷的竞争淘汰。

下面的一些自我调节方法或许有助于你早日摆脱焦虑：

1. 挖掘出引起焦虑和痛苦的原因

研究发现，很多焦虑症患者患病是有一个过程的，他们的潜意识中长期存在一些被压抑的情绪体验，或者曾经受过某种心灵的创伤，并且这些焦虑症状早已以其他形式体现了出来，只是没有引起患者本人的重视。因此，生活中的我们，一旦发现自己有焦虑情绪，就应该学会自我调节，把意识深层中引起焦虑和痛苦的事情发掘出来，必要时可以采取适当的方法发泄。

2. 尽可能地保持心平气和

有句俗语叫：欲速则不达。要摆脱焦虑最忌急躁。当然，对于那些患焦虑症的人来说，这很有难度。

3. 必须树立起自信心

那些易焦虑的人，通常都有自卑的特点。平时，他们多半会看低自己的能力而夸大事情的难度，一旦遇到挫折，他们的焦虑情绪和自卑心理就更为明显。因此，我们在发现自己的弱点时，应该重视并努力改正，绝不能存有依赖心理，等待他人的帮助。树立了自信心就不会害怕失败，如果十次之中有一次成功了，我们就会自信一分，从而焦虑也会减少一分。

学会自制，理智思考并克制情绪

我们都是情绪化的动物，心情的好坏常常容易被周围的一些人和事影响。有些人甚至是情绪化本身，他们的情绪似乎总不受自己控制，于是，他们起伏于这种恶性失衡之中，常常陷入自相矛盾的境地，失去了正确的判断力。而那些成功者则能自控，无论外界怎么变幻，他们总能以理智的心态面对，他们有着很强的自律能力。应该对儿童说，现在的你们年轻气盛，容易冲动，但请记住：冲动是魔鬼，会让自己一败涂地。从现在起，一定要做到自制，理智思考并克制自己的情绪。

曾经有这样一个故事：

有一个经验丰富的高级间谍被敌军抓住了。他想，要想逃脱，就必须装聋作哑。当然，敌军也会怀疑他是否真的不会说话。于是，他们开始运用各种方法盘问他，无论是诱惑还是欺骗，他都不为所动。最后，敌军审判官只好说："好吧，看起来我从你这里问不出任何东西，你可以走了。"

这个间谍心里当然明白，这只不过是审判官检验他是否说谎的一个方法而已。因为一个人在获得自由的情况下，内心的喜悦往往是抑制不住的，如果他听到审判官的话后立即表现出很愉快或者激动，证明他听得到审判官的话，那么，他就不打自招了。因此，他还是站在原地，等待反复审问。最后，这名审判官不得不相信，他真的不是间谍。就这样，有经验的间谍以他特有的自制力生存了下来。

看完这个故事，我们不得不惊叹这是一位多么精明的间谍啊。俗话说：态度决定一切。也就是说，一个人的情绪糟糕，容易冲动，往往会把一切事情都办砸。即使遇到了好事或良机，也会因为不良的情绪，产生无形的压力，阻碍自己能力的充分发挥，错过这些机遇。

的确，在生活中，我们难免遇到各种各样的事情，难免会冲动，做一些不该做的事情，从而产生许许多多的埋怨！因此，不管遇到什么事情，让自己冷静地思考一下，哪怕只是短短的几秒钟，也许结果就会完全不一样了！

孩子们要遏制冲动，千万别让冲动毁了你。具体来说，你需要做到：

1. 冷却情绪

美国一位社会心理学家对容易发怒的人提出了这样一个建议：试试推迟你的动怒时间。一旦你意识到可以推迟动怒时间，你便学会了自我控制。推迟动怒也就是控制愤怒。经过多次练习后，你便知道如何消除愤怒了。

在气头上，你很容易因冲动而做错事。因此，你首先应该冷静，为自己的情绪降温。具体来说，你可以尝试以下几种方法：

（1）"数数法"。不过这里的数数，并不能按照常规数字顺序，因为这样做并不会启动我们的理性程序，而应该打乱顺序，比如1、4、7、10……这样一来，你的理性思考能力就可以渐渐恢复了。

（2）描述法。比如，你可以这样描述：这个茶杯是黄色的、他穿的毛衣是黑色的、数10至12个物体的颜色……在这之后你会发现自己冷静多了。

2. 理智思考，替换非理性的"自发性念头"

你要明白的一点是，真正让你产生不良情绪的是我们的想法，而不是别人的行为。换句话说，不是发生了什么事，而是我们如何解释事件，决定了我们产生的情绪。

例如，你可以告诉自己："我知道我的能力是极佳的，不会因为你一句话而影响我！"这样自我暗示，愤怒自然就会被其他情绪替代。

3. 你可以使用建设性的内心对话

既然想法是导致情绪的主因，容易动怒的人就应该加强内心的想法，准备一些建设性的念头以备不时之需。例如，"不论如何，我都要平静地说，慢慢地说""我才不会生气，生气就等于暴露了自己"等。

心安定下来，学习效率高

孩子，也许你也在担心很多问题，如自己的学业、以后的前途等，但你需要记住的一点是，现阶段的你，最大的任务就是学习。要想学习效率高，你就必须让心安宁下来。"世界上怕就怕'认真'二字。"说的就是如果我们能安下心来认真做一件事情，就没有做不好的。我们先来看下面一个案例：

周末，宁宁在房间做作业，不知道为什么，他总是静不下心来，甚至看到书本上的字就烦，刚好，这会儿又是邻居家小雅练钢琴的时间。他甚至感觉到了小雅敲击琴键的声音，他还听到了楼底下大妈、阿姨们的说话声。这些声音都充斥在他的耳朵里，他很厌烦。

过了一会儿，爸爸敲了敲门，走了进来，看到宁宁烦躁不安的样子，便问："孩子，怎么了？"

"爸，外面太吵了，我根本写不进去作业。"宁宁说。

"是吗？其实每个周末外面都有这些声音，甚至小区搞活动的时候比今天还热闹，那会儿，你不是都能安安静静地学习吗？"

"您说的也是，那我今天是怎么了？"

"其实，你学不进去是因为心不静，学习最重要的是静下心来，可能和马上中考有关，你害怕自己考不好，我看你这几天也睡不好，吃不下，想必都是因为这个吧。放下考试的压力，也许你就能心平气和了。"

"爸爸你说得对，但我该怎么减压呢？"

"你的压力就是中考这点事。其实，我和你妈妈从来没有要求你必须考上重点高中，你无须紧张，早上我还说带你去郊区的农庄走走，你说要做作业，我只好作罢。今天说好了，下周我带你去逛街，你不是看上了一双帆布鞋吗？买完东西我们再去看场电影，好不好？"

"嗯，听爸爸的……"看到宁宁舒心的笑，爸爸终于放心了。

故事中的宁宁为什么在学习时总是静不下心来？是因为外部环境太吵闹吗？当然不是，正如他父亲所说的，环境还是那个环境，只是心中有事，才静不下心来。其实，不仅是学习，无论做什么事，只有放下心中事，不再忧虑，才能做到"身心合一"。

那么，对于孩子们来说，怎样才能让心安宁、不再忧虑呢？

1. 尝试着让自己安静下来

如果你的心无法安静的话，你可以尝试着换一下环境，然后闭上双眼，深呼吸，慢慢地放松。多尝试几次效果会更好。

2. 对于复杂的问题多问问自己

如果你因为想的问题过于复杂，可以尝试着问自己，自己想这个问题究竟是为什么，是什么让自己变成这样。几次之后，你就能了解自己的困惑，从而从心底去除这个杂念。

3. 养成良好的睡眠习惯

如果你是"夜猫子"型的，奉劝你学学"百灵鸟"，按时睡觉按时起床，养足精神，提高白天的学习效率。

4. 学会自我减压，别把成绩的好坏看得太重

一分耕耘，一分收获，只要我们平日努力了，付出了，必然会有好的回报。又何必让忧虑占据心头，自寻烦恼呢？

5. 学会做些放松训练

舒适地坐在椅子上或躺在床上，然后向身体的各部位传递休息的信息。先从左脚开始，使脚部肌肉绷紧，然后松弛，同

时暗示它休息。随后命令脚脖子、小腿、膝盖、大腿休息，一直到躯干，之后，同样的方法再从脚到躯干，然后从左右手放松到躯干。这时，再从躯干到颈部、头部、脸部全部放松。这种放松训练需要反复练习才能较好地掌握，而一旦你掌握了这门技术，你就会在短短几分钟内进入轻松、平静的状态。

重获力量，不再悲观

有人说，人生如同一次征途，我们独步人生难免会面对种种困难。在困难面前，我们难免悲观失望，甚至看不到一点曙光。但如果我们能得到朋友的鼓励和支持，就会重获力量，闯过难关。专家研究得出：人际关系不好，性格孤僻、有缺陷的人，容易得抑郁症。抑郁又会进一步使人际关系恶化，这是一种恶性循环。

小刘是一名品学兼优的学生，他已经硕士毕业了，但一直以来，他的心里都有解不开的结。毕业前，他终于向他多年的好友敞开了心扉。

"其实，以前我的人际关系很好，包括现在，我的人际关系也很好，看起来我一直比较乐观阳光。只是一件事，我为此痛苦过，我是乙肝病毒携带者。我自卑过，担心自己即使念到硕士还是找不到工作。也为此痛苦过，因为我是从山沟里走出来的，我怕父母失望。我一直认为，这病是最痛苦的事情了，没想到和这件事比，我的病根本不算什么。上星期，我们班的李继出车祸了，居然一夜之间成了残疾人。这时我才发现，自己比他幸福得多。能跟你坦诚这些话，我心里舒服多了。"

很多数据和事实一再说明了这样一个令人遗憾和痛心的现象：有心理障碍并想不开的人，他们中大多数从来没有寻求过心理帮助。很多艺人之所以自杀，就是因为他们有太大的心理压力而又不向朋友倾诉。现实中，多数人也还是回避自己的心理问题，不敢正视和面对它，没有积极地进行规范化治疗，结果导致悲剧屡屡发生。

每一个孩子都不能忽视抑郁这一问题。生活中，如果你有如下几大症状，请引起重视：

（1）大部分时间感到沮丧或忧愁。

（2）缺乏活力，总是感到累。

（3）对曾经喜欢做的事情缺乏兴趣。

（4）体重急剧增加或下降。

（5）睡眠方式的巨大改变（不能入睡、长睡不醒或很早起床）。

（6）有犯罪感或无用感。

（7）无法解释的疼痛（甚至身体上没有任何毛病）。

（8）悲观或漠然（对现在和将来的任何事情都毫不关心）。

（9）有死亡或自杀的想法。

如果你中招了那么，你一定要重视起来，这表明你可能患抑郁症了。抑郁会严重困扰你的生活和学习，给家庭和社会带来沉重的负担。它会侵蚀你的积极情绪，使你对周围人丧失关爱。能否敞开心扉是治疗抑郁症的关键。为什么说这些人很难做到这一点？因为他们有某种心理上的顾忌，他们不愿意承认自己有抑郁症，更别说积极主动配合医生的治疗了。

孩子们，如果你抑郁了，该如何向朋友寻求帮助呢？

1. 寻找值得信任的朋友

只有值得信任的朋友才会为你保密，真心地帮你解开心结。

2. 不要为朋友带来困扰

你寻求帮助的朋友必须内心坚强，如果他比你更容易产生抑郁情绪，那么，你只会为他带来困扰。

3. 必要时应该寻求心理医生的帮助

如果你觉得朋友并不能帮助你摆脱抑郁，那么，你应该说服自己，让心理医生来为你解惑答疑。

给孩子宣泄情绪的机会

刘太太是个细心的人，她发现女儿小菲最近好像有点不太一样，总是闷闷不乐，在一个周末，还和小时候一样，母女俩又来到公园跑步，休息的时候，刘太太对小菲说："能跟妈妈说说你最近怎么了吗？"

"没事。"

刘女士知道女儿没有敞开心扉，于是，继续引导："没关系，小菲，你不想说，妈妈也不逼你。但你这样一天闷闷不乐的，不仅影响学习，对自己身体也不好啊，不妨发泄一下。""妈妈，其实我特别想哭，真的好委屈。"小菲眼睛已经湿润了。"哭吧，你是妈妈的孩子，想哭就哭出来，在妈妈面前没什么丢人的。"

刘女士这么一说，小菲的眼泪一下子就掉了下来，一边哭一边说："妈妈，我们班那个同学，竟然在我背后说我坏话，说得很难听，我又没有对不起她。有一天，我去卫生间，结果她正和几个女生在里面嘀咕，恰好都被我听到了，她为什么要这样对我。"

"那的确是她不对，但小菲，你想想，人生就是这样，无论我们做得怎么样，总有不喜欢我们的人，对吗？遇到这样不顺心的事，你可以暂时停止学习，因为这时候学习是没有效率的，心事还会郁结。不妨放松一下，有一些小窍门会起到立竿见影的效果，如深呼吸、绷紧肌肉然后放松、回忆美好的经历、想象大自然美景等，还可以去上网、爬山、聊天、听广播、看电视甚至蒙头大睡，这样既可以暂时转移注意力，也可以缓解大脑的缺氧状态，增强记忆力。这些方法都可以释放内心的不快。还有，哭出来也是宣泄悲伤的好方法，不过，你也要明白，没有一个人是绝对受欢迎的，你不必太在意。"

"谢谢妈妈，我知道该怎么做了。"

果然，和妈妈敞开心后小菲又和以前一样，脸上总挂着笑，学习也有劲儿了。

的确，在孩子和周围人相处与交往的过程中，难免发生一些不快，让孩子陷入悲伤情绪中。对此，父母一定要帮助孩子找一个发泄的出口，否则，很容易影响身心健康。而其中，哭泣就是一种很好的宣泄方法。

适当地哭是有益健康的。由情绪、情感变化而引起的哭泣是机体的正常反应。孩子也会遇到伤心事，对此，家长也不必压制，告诉他们不必强忍泪水，那样只会加重自己心理的负担，甚至会憋出病来。

生活中，一个人在心情不好时，周围的人都会劝："没事，笑一笑。"很少有人劝其"哭一哭"。而实际上，真正能起到释放人的内心压抑情绪的方法是哭泣，而不是笑。

心理学家曾经做过这样一个实验：心理学家将一群人分成两组，一组是血压正常者，一组是高血压者，心理学家分别问他们是否哭泣过。结果表明，血压正常的这些人中，有87%的人偶尔哭泣过，而那些高血压患者却说自己从不流泪。这里，我们发现，让情感宣泄出来要比深深埋在心里有益得多。

心理学家克皮尔曾经对137个人进行过调查，并将这些人分成健康和患病两个组。患病组的这些人患的都是与精神因素有密切关系的病——溃疡病和结肠炎。调查发现，健康组哭的次数比患病组较多，而且哭后自我感觉较哭之前好了许多。

接下来，克皮尔继续研究，他发现，人们在情绪压抑时，会产生一种活性物质，而这种物质是对人体有害的，而哭泣会让这些活性物质随着泪水排出体外，有效地降低了有害物质的浓度，缓解了紧张情绪。有研究表明，人在哭泣时，其情绪强度一般会降低40%。这解释了为什么哭后感觉比哭前好了许多。

美国生物化学家费雷认为，人在悲伤时不哭有害健康，属于慢性影响。他的调查发现，长期不哭的人，患病率比哭的人高1倍。悲伤会加剧神经紧张，而当这种紧张被长期压抑而得不到释放时，便会集聚起来，最终导致神经系统紊乱。久而久之，会造成身心健康的损害，促成某些疾病的发生与恶化。而哭泣则能提供一种释放能量、缓解心理紧张、解除情绪压力的发泄途径，从而有效地避免或减少此类疾病的发生。我们应该看到哭泣的正面作用，它是一种常见的情绪反应，对人的身心都能起到有效的保护作用。因此，当孩子遇到了某种打击而不知所措时，可以鼓励他不妨先大哭一场，告诉他不要害怕别人的眼光，哭没什么见不得人的。

第六章

修炼阳光开朗的好性格：积极乐观地面对生活的挑战

> 开朗乐观是一种心理状态，也是一种性格品质。通过大量调查显示，开朗乐观的孩子不仅较为健康，而且婚姻生活较为幸福，事业上也更容易获得成功。作为父母，应该有意识地培养孩子乐观的性格。

让孩子对心态有正确的定位

美国著名心理学家布鲁纳曾经指出，好胜的内驱力可以激发人的成就欲望。但不注意引导就会导致孩子在相互的竞争中产生嫉妒心理。嫉妒过于强烈，任其发展，孩子则会形成一种扭曲的心理：心胸狭窄，喜欢看到别人不如自己，并喜欢通过排挤他人来取得成功。所以，从小培养并引导孩子积极的好胜心对孩子的成长很有必要。教育孩子的目的之一，就是要培养孩子良好的心态，让孩子的心态更阳光。

好胜心过强导致的嫉妒是阻碍孩子身心发展的坏心态之一，坏心态则包括消极、悲观、自卑、浮躁、骄傲、自大、贪婪、偏执、嫉妒、仇恨等，孩子产生好胜心理的原因是多样的，但归纳起来，主要是孩子内部的消极因素和外部环境的消极因素相互影响、相互作用而产生的。如在竞争中受挫、因老师表扬他人、因自己家境贫寒等。父母只有了解了孩子好胜心理产生的原因，才能有针对性地进行教育，以免孩子产生嫉妒心理，才能让孩子拥有好心态，好的心态就恰似一把金钥匙，在孩子的成长过程中，为孩子打开"自我宝藏"的大门。

有位母亲这样对心理咨询师说："儿子小炜从小长得虎头虎脑，很讨人喜欢，一直以来都是我们家的开心果。我们也很

第六章 修炼阳光开朗的好性格：积极乐观地面对生活的挑战

惯他，小炜在幼儿园里的表现也很优秀，再加上他嘴甜，老师都很喜欢他。可以说，他是在大家的赞美声中长大的，在无忧无虑的状态下生活的。"

"自从升入小学后，小炜却不似从前那么活泼开朗了，有时候还会将郁闷的表情挂在脸上。我和先生同他沟通后，他告诉我们说班上谁谁得了第一名，谁谁又得了小红花，而他却没有份。看着儿子不服气的样子，我内心有点担心，儿子这么小就有了好胜心，说明他很有竞争意识，但一定要加强引导，否则，会形成嫉妒心理！"

"意识到问题的严重性后，我们决定正确引导孩子的好胜心。于是，在接下来的日子里，我们不再一味地鼓励孩子去争强好胜，而是将重点放在了培养他良好的心态上，让他树立'胜不骄、败不馁'的信念。一方面，当儿子失败了，我们不但给他分析原因，也告诉他，结果是次要的，努力尝试的过程更重要。另一方面，经常在日常生活中给他暗示，告诉他在这个世界上，总会有人比你强，你真正的对手应该是自己，保持进步，超越自己，那样你才是最大的赢家。"

这位母亲的引导方法是正确的，家长应该有所启发。正确的引导，能将孩子的好胜心转化为努力向上的动力。家长应该从以下几个方面进行教育。

1. 告诉孩子努力学习是获胜的基础

家长必须让孩子明白，要想在竞争中获胜，必须通过自己的努力，掌握比别人更过硬的本领。对于能力较弱的孩子，家长更应耐心引导，及时肯定孩子的点滴进步，让他们体会到成功的喜悦，培养他们的自信心。

2. 让孩子明白不伤他人是求胜的准则

家长在培养和引导孩子的好胜心时，特别要注意避免嫉妒心理的产生。父母有责任多从客观方面引导孩子，避免消极的、不与人为善的态度，不要时时拿自己孩子的长处和别人孩子的短处相比。

3. 教育孩子承认差异，奋进努力

人必然是有差异的，不是表现在这方面，就是表现在那方面。一个人承认差异就是承认现实，要使自己在某方面好起来，只有靠自己奋进努力，嫉妒不但于事无补，而且会影响自己的奋斗精神。

4. 帮助孩子克服自私心理

好胜是个人心理结构中"我"的位置过于膨胀的具体表现。总怕别人比自己强，对自己不利。只有驱除私心杂念、拓宽自己的心胸，才能正确地看待别人，悦纳自己，即常说的"心底无私天地宽"。

5. 帮助孩子形成正确的自我认识

孩子正处于身心发展的阶段，还不能全面地看问题，不能对自己和他人进行正确的评价，这就要求父母在与孩子相处的过程中，要让孩子懂得"金无足赤，人无完人"，每个人都有自己的长处，也有自己的不足。父母不但要正确地认识孩子，还要帮助孩子形成正确的自我认识。

6. 培养孩子宽容的品质

好胜心强的孩子，往往有自身的性格弱点。例如，与人交往时，喜欢做核心人物；当不能成为社交中心时，就会发脾气；他们不会感谢人，易受外界影响等。对有性格弱点的孩子，父母要悉心引导。在孩子面前，要对获得成功的人多加赞美，并鼓励孩子虚心学习他人长处，积极支持孩子通过自己的努力去超越别人、战胜自己，使孩子的这种心理得到正当的发泄。孩子学会了事事处处接纳他人、理解他人、信任他人，不仅会发现他人的许多优点，而且也会容忍他人的某些不当之处，求大同存小异。这样，孩子的人际关系就会变得更加融洽和谐。

7. 让孩子充实自己的生活

如果孩子学习、生活的节奏很紧张，生活过得很充实、很有意义，孩子就不会把注意力局限在嫉妒他人身上。父母应该帮助孩子充实生活，让孩子多参加一些有意义的活动，转移孩子的注意力，使孩子把精力放在学习和其他有意义的事情上。

教育孩子，就是要用正确的方法引导孩子健康地成长，就是要让孩子对自己的心态有正确的定位，好心态能让孩子的内心世界更阳光，这样的孩子才能用正确的心态去迎接未来社会的竞争！

儿童逆商课

帮助孩子正确认识自我

市里最近要举办一个儿童电子琴大赛,黄女士听到这个消息后,就给女儿报了名,她相信,女儿一定能拿到奖项,因为女儿从小就喜欢弹琴,一直是学校最好的文艺生。但奇怪的是,就在比赛即将开始的前一天晚上,女儿对黄女士说:"妈妈,我不想参加了。"

"为什么?"

"因为我知道我肯定会让你丢脸,还不如不参加。"

"你怎么这么不自信?"黄女士有点生气了。

"因为你经常说我没用,如果这次没拿奖,你肯定又会这么说。"听完女儿的话,黄女士若有所思,难道都是我的错?

很多人会问:"对人一生产生影响的因素中,谁的作用最大?"毋庸置疑一定是父母。这个案例再次证明了这一点:为什么黄女士的女儿面对比赛十分消极?黄女士经常否定性的暗示让女儿认为自己"一定做不到"。

美国情感纪录片显示,一位父亲无意中的一句话,不仅影响了其女儿在童年时期的审美观形成,还直接影响其婚姻质量。上海青少年心理研究所专家支招:无论是表扬还是批评,父母一定要选择得当的话语,其作用可能真的影响孩子一辈子。

孩子会不自信、胆怯甚至自我否定,可以说,都和家庭教育有一定的关联。常常听到家长说："你看某某的学习多么自觉，从来不要父母操心，你为什么就这么让人不省心。我想了好多办法，花了大价钱请了家教，你的成绩怎么还是上不去？"亲子关系研究者认为，即便是出于事实的抱怨，家长的态度会让孩子相当敏感。久而久之，他们便会认为自己"真的没用"，或者变得消极、胆怯等。

有少数孩子能在打击中越挫越勇，最后建立优秀品质，但是大部分孩子可能都达不到家长预期的目标，长期接受父母未过滤筛选的直白抱怨，尤其是针对自己的这些消极评价，对于培养孩子的自信心和自尊心是有害的。一位心理医生非常痛心地讲述了一个他碰到的现象："很多家长为了孩子的问题来找我，当他们绘声绘色地描述着孩子的不良行为时，孩子就站在旁边听着！"这就是很多孩子不自信的原因所在，家长也许可以尝试一下，别时刻摆出一副居高临下的姿态嘲笑或教训孩子，不要小看这些，这关乎孩子自信的基石的奠定。

那么，作为家长，该如何帮助孩子正确认识自我、树立自信、变得勇敢积极呢？

1.注意教育语言

绝对不能对孩子使用的措辞："你太笨了。"这句话太伤害孩子自尊了，孩子会按照父母的语言来做自我评估，这样一句话很可能会让孩子变得敏感、自卑、孤僻。"你为什么就不能够像谁谁。"孩子最讨厌被对比，这也是对他们最大的否定。"你真不懂事。"本来做事就自信不足，需要家长的鼓励，但这样一句话反而让孩子更加怯懦了。

2. 可以将批评与肯定结合起来

"你平时的作文写得还不错，可这次的作文却不怎么好"或"如果你再写上几篇这么糟糕的作文，你的语文就别想得到'良'"，虽然这两个批评所表达的意思是一样的，但前者却比后者更易于被人接受。

当孩子缺乏信心或失去信心时，父母可以适时对他说"嗯！做得不错"或"想必你已用心去做了！"等表示支持的慰语，就是前段所谓的"感化"，最后再鼓励他："如果能再稍微注意一点，相信下次可以做得更好。"这种积极有建设性的检讨态度，才能使孩子不断进步，更加有自信心去与父母沟通问题，重要的是具体目标明确。

3. 帮助孩子找到长处

家长永远是孩子的坚强后盾，当孩子遭受失败时，家长有责任鼓励他们，教会他们怎么应付困难。告诉孩子，任何人都有长处和短处，只知道自己的短处而不懂发挥长处是极其不利的。

有些孩子有音乐天赋，有些孩子会绘画，有些孩子能言善辩……干什么并不重要，重要的是如果孩子喜欢，不妨鼓励他发展爱好，谁说爱好不能成为技能呢？为什么这些会重要？因为专注或擅长一件事情能帮助孩子建立自信。

第六章 修炼阳光开朗的好性格：积极乐观地面对生活的挑战

自信对于孩子智力发展影响很大，可是很多孩子在"一刀切"的教育模式下，在人生刚刚起步的阶段，就已经丧失了自信心。因此，父母一定要引起重视，帮助孩子重建信心，正视自己，如此孩子的智力与自信心才能健全地成长。

谦虚的孩子更懂得进步

谦虚使人进步，骄傲使人落后。任何人，只有积极进取，承认人外有人，天外有天，才能认识到学无止境的含义，才能放开眼界，不断地吸收新的知识。因为一个谦虚的人能学到更多东西。而现代社会，很多孩子出生于独生子女家庭，很多父母并没有彻底了解该如何培养孩子，精神教育的缺乏让这些孩子很容易产生骄傲自大的情绪。而这往往阻碍了孩子人生的长远发展。

列夫·托尔斯泰说："一个人就好像是一个分数，他的实际就好比分子，而他对自己的估价好比分母，分母越大，则分数的值越小。"

人人都喜欢谦虚的人，而不会与自以为是的人为伍。即使是在提倡"毛遂自荐"精神的今天，谦虚依然不失为一种伟大的美德。持有谦虚精神的人如同持有一张通行证，可以畅通无阻地行走于社会，因为谦虚的人更知道进取。那么，父母应该怎样培养一个谦虚的孩子呢？

1. 不要过度夸奖孩子

父母对孩子过分的夸奖与肯定，很容易使孩子滋生骄傲情绪，认为自己是最优秀的。一旦这种骄傲情绪产生，再纠正就很困难了。

当今很多父母喜欢在众人面前炫耀孩子在这方面或那方面的"与众不同"，这样就很容易使孩子滋生骄傲情绪。事实上，一些潜质很好的孩子之所以没能如愿地在未来成为栋梁，他的骄傲自满、狂妄自大是重要原因之一。

骄傲自大的孩子往往不屑于与别人交往，心胸变得很狭窄。他们虽能取得一定的成绩，但往往只满足于眼前取得的成绩，而且他们看不到别人的成绩。只有谦虚的孩子才有机会看清自己，看清别人，从而博采众家之长。

2. 经常给孩子讲一些优秀人物的故事或者一些浅显的道理

如"水满则溢"的故事：一个容器若装满了水，稍一晃动，水便溢了出来。一个人若心里装满了骄傲，便再也容纳不了新知识、新经验和别人的忠言了。故古人云："满招损，谦受益。"

3. 要用自身的言行影响孩子

父母切不可有骄傲自满的表现，因为一个尚未形成价值观、社会观的孩子极易受父母的影响。

4. 为孩子创造一个好的氛围

父母要为孩子创造一个有利于培养孩子谦虚品质的大环境，并同时和老师配合。在教育孩子谦虚的同时肯定孩子的长处，让孩子认识到只有谦虚才能使人不断进步。

一个人不管有多丰富的知识，取得了多大的成绩，或是有了何等显赫的地位，都要谦虚谨慎，不能自视过高。孩子也一样，谦虚的孩子更知道进取，不断探求知识和人生的路，一个心胸宽广，能博采众长，不断地丰富自己的知识，增强自己的本领的孩子必能创出更好的人生业绩！

克服虚荣心，形成好性格

我们都有自尊心，然而，当自尊心受到损害或威胁时，或我们过于看重它时，就可能产生虚荣心。对于青少年朋友来说，在成长的过程中，一定要克服虚荣心，形成好性格，否则，你就可能因为虚荣而使价值观和人生观扭曲，甚至通过炫耀、卖弄等不正当的手段获取荣誉与地位。这样的人往往是华而不实、浮躁的，在物质上讲排场、搞攀比；在社交上好出风头；在人格上很自负、忌妒心重；在学习上不刻苦。相信很多青少年朋友都读过法国作家福楼拜的代表作《包法利夫人》。

主人公艾玛是一个富裕的农民的女儿，在专门训练贵族子女的修道院读过书，尤其喜欢读一些浪漫派的文学作品。虽然现实生活很残酷，但是艾玛却经常沉浸在自己虚构的奢华生活中无法自拔。现实和虚幻世界的强烈反差，使她非常苦闷。成年之后，艾玛嫁给了包法利医生，但是医生微薄的收入根本无法供她挥霍，而且艾玛非常讨厌其貌不扬的包法利及其满足现状的个性。即使生了孩子，艾玛的母爱也没有被唤醒。她一心一意、执迷不悟地贪图享乐，爱慕虚荣，竭尽全力地满足自己的私欲，梦想着有朝一日过上贵妇的生活。为了追求浪漫的爱情，寻求她心目中的英雄，艾玛先是受到罗多尔夫的勾引，结果被欺骗了；后来，她又与莱昂暗中私通，中了商人勒乐的圈套。最终她负债累累，不得不服毒自尽。

在这篇小说中，福楼拜批判了艾玛爱慕虚荣的本性，也深刻地批判了社会的畸形。这种批判引人深省，令人警醒。

儿童虚荣心的形成是多方面的，其中多半和不良的花钱习惯有关。现在人们的生活水平越来越高，父母给孩子的零花钱也越来越多，从最初的几元到现在的几十元、上百元。而很多孩子到了小学以后，家长怕他们在学校吃不饱、穿不暖，零花钱更是有增无减。他们在家长的"默认"和"纵容"下养成了不良的消费习惯：花钱大手大脚、没有节制、想买什么就买什么，只知道有钱就花，花完了再向父母要，久而久之，导致孩子们养成了大手大脚花钱的习惯，金钱观严重偏离了正常的轨道，逐渐迷失自己，变得极其爱慕虚荣。

孩子们，如果你有严重的虚荣心，那么，最好做自己的心理医生，从以下几个方面进行心理调节：

1. 完善自己

一个人如果深知只有完善自己才能逐步提高的道理，也就能转移视线，不仅找到了努力的动力，心境也会豁然开朗。

2. 尽可能地纵向比较，减少盲目地横向比较

比较分为纵向比较和横向比较。横向比较指的是将自己与他人比，而纵向比较指的是将昨天的自己和今天的自己比，找到长期的发展变化，以进步的心态鼓励自己，从而建立希望体系，帮助个体树立起坚定的信心。

3. 正确认识荣誉

通常情况下，有虚荣心的人都很爱面子，希望得到别人的肯定和赞扬，希望每一个人都羡慕自己。想要避免形成爱慕虚荣的性格，青少年就必须以正确的心态面对荣誉，每个人都应该争取荣誉，这是激励自己前进的动力，但绝不能以获得荣誉为目的。许多事实证明，仅仅为了获取荣誉而工作的人，荣誉往往与他无缘。倒是不图虚荣浮利的人，常常"无心插柳柳成荫"，能在不知不觉中获得荣誉。也就是说，只要我们脚踏实地地做好本职工作，淡化名利，荣誉自然会降临到我们身上。

4. 脚踏实地

脚踏实地的人懂得通过自己的双手和劳动来获得物质和财富，这样的人才是最可爱的、令人敬佩的。

帮助别人，就是帮助你自己

我们都知道，人与人之间的交往都是相互的，你怎样对待他人，他人就怎样对待你。如果我们只想拥有而不想给予，那我们将会变成一个自私的人，而自私的人是不会拥有真正的朋友的。所谓"赠人玫瑰，手有余香"就是这个道理。事实上，生活中处处存在美与爱。我们每天都能看到初升的太阳，那是自然之美；我们每天都能拥有他人的关爱与帮助，这是人性之美。

童年时期是人格砥砺和品质形成的时期，这个阶段的每一个孩子都应该学会替他人着想，学会付出爱，勿做别人眼中的自私鬼。

从前，在一座深山里有一个小山村，村里的每一个人都起早贪黑地种植稻谷，但不知为何，每年的收成都很低，根本不能解决温饱问题。

后来，有一个农民走出大山，去寻找优质稻种。终于，他发现了高产量的稻种。果然，第一年试种，收成很好。村民们看到他成功了，便想从他那里换一些稻种。可这个农民却想，如果大家的稻谷产量都提高了，自己不就不能发财了吗？于是，他拒绝了乡亲们的请求。

第二年，他还是用新得到的种子播种，并且，他更加勤奋地耕种。谁知道，产量却很差。后来，他才明白，在稻谷授粉

第六章 修炼阳光开朗的好性格：积极乐观地面对生活的挑战

时，风将邻家的劣质花粉吹到他家的优质稻子上了。

此时，你肯定会嘲笑这个自私又愚昧的农夫。是的，自私狭隘是一切善良美好的事物身上的"毒瘤"，是成功与和谐的天敌。与之形成鲜明对比的是一种善于为他人着想的博大、无私的胸怀。

生活中当你遇到有困难的人时，你是否愿意为他们想想办法？或许在不经意间，受帮助的不仅是别人，而且还有你自己——爱加上智慧是能够产生奇迹的。其实任何一次助人行为，都是完善自我、实现自我价值的机会，怎能不出于自愿？心存善念，多行善事。我们就是自己最重要的贵人。

要想做到替他人着想，孩子首先要克服的就是自私心理，除此之外，还应做到：

1. 关心他人

你可以从关心周围的人开始，如你的父母、亲人、老师、同学。当你的同学摔倒了，要主动扶起来，并加以安慰。在这种举动中，你将会体验到帮助别人的快乐；妈妈生病卧床，你可以为她递水、送药；在父母生日的时候，为他们送上一份礼物；走在路上，看到老人手中的报纸或其他东西掉在地上，应主动帮忙拾起。

2. 做力所能及的家务，对家庭尽一份责任

爸爸妈妈每天除了工作以外，还得照顾老人和孩子。你应该学会为他们分担一点了，你可以从最简单的家务做起，如帮

爸妈洗洗碗、做做饭、拖拖地，他们会为此感到欣慰的。

3. 要表达自己的真诚和关切

与人交往，一定要真诚，关心他人不能有太强的目的性，这样才能使别人愉快地接受，我们也会得到满足和感到愉悦。

4. 多为别人着想

在与人交往的过程中，要学会为他人着想，这样，你就能体谅他人的难处、说该说的话、做该做的事，他人也会感受到你的贴心。

5. 助人为乐

要经常参加一些公益活动或者社会实践活动，有句名言说得好：关心他人，竭尽全力去帮助别人，会使人变得慷慨；关心别人的痛苦和不幸，设法去帮助别人减轻或消除痛苦和不幸，会使人变得高尚；时常为他人着想，会丰富自己的生活，增加自己的涵养。任何一个孩子，不仅要承担努力学习的责任，还应该努力培养自己健全的人格，学会助人为乐，也就是帮助你自己。

培养孩子的宽广心胸

古今成大事者，不但有大志，一定也拥有宽广的胸怀。胸怀是人格的具体体现，具有宽广胸怀的人，才能成为人格高尚

第六章 修炼阳光开朗的好性格：积极乐观地面对生活的挑战

的人，而这正是家庭教育的目的之一。父母应从小培养孩子艰苦朴素的习惯、吃苦耐劳的作风、仁义孝道的思想。一些父母却曲解了这一教育观念的含义，不注意孩子的身心发展规律及承受能力，导致孩子在逆境和"拮据"的经济环境中"一蹶不振"，形成了负面的人格，如心胸狭窄、斤斤计较等，这对于孩子的成长是极为不利的。家长在教育孩子的时候，精神上的养育绝不能少，这样教育出的孩子才能不畏恶劣的生存环境和残酷的社会竞争，依然能够傲然挺立，拥有比天空还宽广的胸怀，创造出一方属于自己的天空。

其实，家长可以采取一些辅助教育方式，避免孩子形成狭窄的心胸，有以下三个方面家长需要尝试。

1. 让孩子开阔眼界

眼界宽广的人，胸怀也会宽广。这是一位妈妈的教育心得："我们经常利用各种节假日，带孩子游览祖国的大好河山，受益匪浅。尤其是孩子上了三年级以后，我们带他出去旅游的机会就更多了。如带他领略泰山的雄伟壮观；带他到内蒙古，体会那种"天苍苍，野茫茫，风吹草低见牛羊"的壮阔；带他游览海南岛，观赏热带森林植物的瑰丽和神奇。我们没有刻意地去教育孩子要有宽广的心胸等，但是，孩子却在这一次次的游览中，增长了知识，开阔了眼界。令我们高兴的是，孩子在一次次的经历中，拥有了宽广的胸怀，很少会因为日常小事儿无谓地烦恼。"

2. 在阅读中培养孩子宽广的胸怀

书籍中有无数值得孩子学习的心胸宽广的故事，这些故事对孩子的启迪远比家长的说教要好得多。

"我的孩子喜欢阅读，经常自己拿着书蹲在家里的地板上津津有味地看书。孩子最喜欢看故事书。一次，孩子在读到《将相和》的故事时问我：'妈妈，如果是我，我可不会背着荆条去认罪。'孩子说的是廉颇负荆请罪的事情。我告诉孩子，廉颇负荆请罪，因为蔺相如心胸宽广，以大局为重，所以，秦国才不敢侵犯赵国。还有一次，孩子读到韩信后来做了元帅，竟然宽恕那几个当年侮辱他的人的时候，不解地说：'这么欺负人，怎么还饶了他们呢？'我问孩子：'你不是想当一个好孩子吗？你不是希望自己将来能做大事吗？要成就大事，必须要有一个宽广的胸怀。'"

我们可以从这位母亲的教育中获得一些启示，还可以从生活中的一些现象出发，告诉孩子怎样才能拥有一个宽广的胸怀。比如，不要斤斤计较那些鸡毛蒜皮的小事情、要欣赏他人的优点、不要嫉妒等。家长可以把"海纳百川，有容乃大"这样一条格言贴在孩子的桌子上，作为孩子的座右铭，让他自我勉励。

3. 身体力行，做孩子的榜样

家长是孩子的第一任老师，父母如何待人接物、心胸是否宽广，直接影响到孩子。父母平时待人要和蔼，一些针尖大的事情，没必要斤斤计较，更不要发脾气和出口伤人，因为父母的一言一行都会映射在孩子幼小的心灵上。

"我们经常教育孩子心胸要宽广，要宽以待人，对待他人要热情等。一次，楼上邻居晾晒的衣服上不断滴下的水把我洗好就快要晾干的衣服又淋湿了，害得我又把衣服洗了一遍。但我只是客气地提醒楼上的邻居，没有生气发火。还有一次，我在送孩子上学的路上，被一辆自行车刮了一下，手很痛，骑车人不断地说对不起。我看着有些红肿的手背，只告诉骑车人要注意安全，就让他走了。孩子问我：'妈妈，你怎么让他走了？万一你的手骨折了怎么办？'我笑着对孩子说：'没关系，妈妈的手不会骨折。一会儿就会好的。叔叔也不是故意的。他已经道歉了。'"

真正成功的人一定是个心胸宽广的人，斤斤计较者满足于眼前的小利益，最终与成功无缘，因此，家长一定要注意孩子的品质培养，不要因为"拮据"的物质条件，让孩子原本豁达、宽广的胸怀被搁浅甚至埋葬！

第七章

教孩子吃苦耐劳和独立：远离安逸和享受才能更坚强

俗话说："小亏不吃吃大亏，小苦不吃吃大苦。"孩子在小时候，吃一点苦，遭遇一些困难是好事。假如父母怕孩子吃苦，而替孩子承担责任，虽然暂时免掉了孩子的哭闹和纠缠，但是却剥夺了培养孩子良好品格和发展自我能力的机会。

培养孩子独立自主，避免"温室效应"

现代社会，家长过分溺爱孩子，造成了教育上的"温室效应"，一些孩子任性固执、追求享受、独立性差。例如，习惯了家长包办一切，连生活中最基本的自理能力都没有。生活中，很多家长是这样做的：

（1）早上快要迟到了，可孩子却是慢吞吞，受不了了，赶快帮他穿衣穿鞋。

（2）看他吃饭慢吞吞的，天又冷，算了，喂他吧。

（3）孩子说要自己洗澡，就怕他洗不干净，大了再说吧，还是我帮他洗。

（4）自己生病了，本来让孩子泡个面不难，可营养不够啊，还是坚持给孩子做饭吧。

（5）上学的书包可真重，现在是长高的时候，帮孩子拿不为过吧。

（6）画画后桌面一片狼藉，可睡觉的时间又到了，算了，我来收拾吧。

（7）要出去旅行了，小家伙怎么懂收拾行李嘛，肯定是我来帮忙的。

这些现象在生活中随处可见，家长总是习惯性地担任孩

第七章 教孩子吃苦耐劳和独立：远离安逸和享受才能更坚强

子的保护伞一职，可家长似乎没有注意到，这样会导致孩子缺乏自立能力，将来在面对、解决困难时，都会表现出缺乏自信和独立性的一面，更别说独当一面了。因此，家长必须重视起来，要从小培养孩子"自己的事情自己做"的观念。著名教育家陈鹤琴先生说："凡是孩子自己能做的事，让他自己去做。"这不仅对培养孩子的独立性、自理能力很重要，同时也培养了孩子的责任感，使孩子能对自己的生活、行为负责。从小开始，家长就应该让孩子做一些自己力所能及的事情，逐步养成爱劳动的生活习惯，这对孩子的一生都意义深远。

有位妈妈在谈到教育儿子的心得时说："我们家里虽然是祖孙三代一起生活，可孩子爷爷奶奶对孙子独立性的培养很重视。只要是儿子能力范围可以完成的事情，我们都让孩子自己做，其他人在旁边，在必要的时候给予孩子指导。突然有一天，儿子高兴地说：'我自己会穿衣服了，你们都下去吧，我自己的事情自己做。'让我感到十分高兴的是，他竟然真的自己穿上了衣服，虽然穿得歪七扭八的。我不失时机地夸奖了他，他高兴得一蹦一跳的。"

和这位母亲一样，要教育出有出息的儿子，必须培养孩子的自理能力，这就要告诉孩子"自己的事情自己做"。因为孩子总有一天会长大的，小的时候受到一点挫折，凭借自己的力量解决，明天就会独立成长。孩子总要离开父母的怀抱，走进竞争的社会，家长放手越早，孩子成熟越早。早些让孩子自立，孩子的责任感就会增强，逐渐有了自己的主见，也就逐渐自立了。在这方面上，家长应注意以下几点：

1. 父母要学会放手

培养孩子的自理能力，首先父母要让孩子有独立的意识，否则所有的行为都是一句空话。而所谓独立的意识，就是让孩子能做的自己做，因为每个人的生活终将是每个人自己过，家长不能在他幼儿时剥夺他独立生活的意识。只有这样，孩子以后才能走得好、走得让家长放心。

从孩子学走路的那一刻，孩子就已走上自己独立的征途。父母则要做到，孩子能自己走，哪怕走得歪歪扭扭、会摔跤，也要让他自己走。

2. 不要扼杀孩子的动手欲望

每个孩子都有自己动手的欲望，不同的年龄段有不同的表现，如1岁多的孩子爱甩开大人自己走路、自己去抓饭来吃、自己穿鞋子等，因为他们对这个世界充满了好奇，想通过自己双手的触摸来探索。当孩子有这样的表现时，家长要鼓励，用笑脸去鼓励孩子去做。

3. 自己的事情自己做

孩子到了2岁，已经可以自己做一些事情，这正是培养其自理能力的好时候，自己能做的事情自己做，这是一个很好的方法。如自己喝水、自己走路、自己吃饭等。

4. 父母要有足够的耐心

我们经常见到孩子在穿衣服或鞋子，穿了半天没穿好，妈妈冲到他面前，边数落边快速地帮孩子把鞋穿上。孩子动作都是慢的，因为这个世界对于他们来说就是新的，我们看上去很简单的东西，对他们来说则不是，都要去学，反复练习才能做到。所以，家长要有足够的耐心。

例如父母很赶时间，但孩子还在那儿磨蹭，解决这个问题的方法是：总结经验，把出门的时间提前一点。如打算9点出门，就从8点10分或8点钟就准备。这样，就有足够的时间让孩子自己穿鞋穿衣了。可以给奖励的东西，但不能是物质的，最好是精神上的奖励，如摸摸他的头、冲他笑一下，或者给他一个大拇指，这样就够了。孩子从家长的表情、动作就可感知父母的鼓励。

总的来说，家长一定要让孩子多动手，告诉他"自己的事情自己做"，这有利于培养孩子自理的习惯和自立的能力。日常生活中，不要总是为孩子包办一切，纵容孩子的懒惰，家长凡事爱代替孩子动手的习惯妨碍了孩子自理能力的培养及锻炼，更是剥夺了孩子学会独立自理的机会。家长鼓励孩子能做的事让他自己做，在孩子做时家长要有耐心，要容许孩子犯错误，只有这样，才能培养出一个独立、自理能力强的孩子！

学会放手，让孩子融入社会

古人云："读万卷书，行万里路。"学习的最终目的是学以致用，对于孩子来说，社会才是人生真正的战场，父母只有让孩子融入实际的生活，孩子才能发现生活中的美丑善恶，才能找到改善生活、改变社会的途径，才能成为一个独立自主的人。

其实，生活中，并不是孩子不能自主，而是很多家长不愿意放手。芊芊今年6岁半，什么事情都依靠父母，甚至发展到做作业都要父母陪着，当别人问及她以后有什么理想的时候，她说："永远不长大！"这样的回答让大家很惊奇，但芊芊有自己的原因："不长大就可以永远和爸爸妈妈生活在一起，爸爸妈妈可以给我做好一切！"但在接下来的一个月里，芊芊似乎变了。父母在北京最冷的一月底让她参加了一周滑雪拓展营，她是其中最小的营员。她生活自理，表现良好。回家后，早上主动穿衣洗脸，还把自己抽屉收拾整齐，芊芊慢慢地能开始自己学习，并能主动地帮父母做一些力所能及的事情。

这里，参加社会实践活动以前的芊芊是令人担忧的，这样的孩子并不少见，但正如芊芊父母一样，如果试着大胆放手，家长或许会发现，用不了多久，那朵温室中的小花会像蝴蝶般破茧而出，并飞得潇洒而自在。因此，孩子力所能及的社会实

第七章 教孩子吃苦耐劳和独立：远离安逸和享受才能更坚强

践活动是值得倡导的，家长应给予支持，因为孩子还是需要在经风雨、见世面的社会实践中才能茁壮成长起来。

家长不妨鼓励孩子走出校门和家门，去参加一些亲近自然，融入生活，关注社会的实践活动。让孩子从小就融入新鲜的生活，对自己主动发现的生活问题、社会现象，进行调查研究，寻求解决问题的方案，增强他们的独立意识和自主能力。通过一些社会实践活动，孩子会变得敏感、活跃，能主动寻找、发现生活中、社会上存在的问题、弊端、不合理之处，从而让他们发现许多有价值的研究问题，开启自己的智慧。

社会实践活动种类多样，包括如下几方面。

（1）"手拉手"活动，能使生活在城市的孩子心系贫困山区，长知识、献爱心、受磨炼、效果好。

（2）"给祖辈买东西"。让孩子自筹经费10元或15元，给祖父或祖母买一种蔬菜、一种水果和一样日用品，然后送到祖辈手中，看买的东西是不是祖父母需要的。爱就意味着用心灵去体会别人最细微的需要。在买东西的时候学会讨价还价也是生活需要的本领。

（3）"玩具"。推销也是一种难得的锻炼。孩子如果把自己的旧玩具卖完了，所得差价便是劳动的成果。

另外，参加社会实践，对于孩子来说，绝对不是什么形式主义，更不是走过场。孩子会在活动过程中，得到许多的乐趣，而这种乐趣正是家长平时无法给予孩子的。有家长认为参加社会实践会影响孩子的学习，那只能说明家长把学习的概念理解得太狭隘了。真正的知识是对于一种事物发展规律的正确认识和经验。如果孩子什么社会生活的经验都没有，那他所谓的知识只能是书本上的"死"知识，而不是生活中真正的知识，这样的孩子也决不能自立，更别说经受得住社会的洗礼了。

那么，家长在让孩子参加社会实践活动的时候，有什么是需要注意的呢？

（1）要明白活动要达到什么目的，有没有吸引力。孩子尤其是年幼的可能对活动的趣味性十分关注。再有意义的教育活动，如果没有趣味性，都很难达到一个良好的教育目的。

（2）防止走形式。孩子参加社会实践活动，是要达到一种教育的目的，不是走过场，要让孩子自己解决活动中遇到的困难。同时，在一些社会活动中，家长还可以让孩子自己筹划、联系和组织。这样，孩子可以从中得到更多的锻炼，收获更多的乐趣。家长要鼓励孩子在社会实践中注意观察、学会提问、善于交往、动手动脑、勤做记录，这样收获会更大。

（3）社会实践的难度要适中，难度过大会让孩子有一种受挫感。毕竟，孩子是娇弱的，父母要以呵护为主，受挫只是生活中的插曲。孩子有了强烈的受挫感之后，很容易自暴自弃，

第七章 教孩子吃苦耐劳和独立：远离安逸和享受才能更坚强

这对于培养孩子的主见性，反而起到了一个反面作用。

总之，家长在教育活动中，如果能注意经常调动孩子学习的主动性，多给予孩子参加社会实践的机会，不仅能教授孩子知识，而且能锻炼孩子做事和交往的能力。

孩子吃点苦，才更懂生命的意义

无论什么年代，孩子都要长大成人，都要担当家庭和社会的责任，而随着社会的发展，孩子身上的压力只会越来越大。看古今历史，我们不难发现，不经历成长的艰辛、不明白何谓"贫穷"、蜜罐里长大的孩子的弱点很多，如自私、虚荣、嫉妒、盲目、软弱等。这些缺点让孩子在面对社会的残酷竞争中，在理想与现实之间，在诱惑与机遇之间，很容易一个不小心，就失掉了平衡。

父母都知道，教育孩子，就是要对孩子的意志品质进行磨砺、锻炼、培养。那些功成名就的伟大人士，无不饱经生活的苦难和精神的洗礼，之后才能获得意志和能力上的一种升华。那些衣食无忧、受人百般呵护的孩子或多或少都有些性格、品行甚至价值观上的缺陷，蜜罐里长大的孩子都很软弱，刘禅的懦弱无能就是这样一个典型的例子。

其实，孩子的成长过程，就是他个人克服自身性格缺陷的过程,他身上的这些由优越的成长环境带来的弱点,可能影响着他未来的婚姻家庭等生活状况,同时也影响着他的人际交往、职业升迁、事业发展……

那么,父母该怎样防微杜渐,该给孩子怎么样的一个"吃苦"的环境,让其摆脱自身的那些弱点呢?

在家庭教育中,孩子自身的弱点严重地影响了其成长、成才的进程,家长要寻找其根源,找出解决的方法帮助他们顺利地成长、成才,以促使家长早日完成望子成龙的夙愿。

教育专家对造成孩子自身软弱的因素进行了分析总结,主要有以下几个方面。

1. 过分的关怀造成孩子的软弱

每当家长送孩子到校时的那种恋恋不舍、反复叮咛和犹豫不定的言行,使孩子知道了"妈妈舍不得离去",产生了依恋心理,亦不舍得妈妈离去,时间长了,孩子的软弱性格慢慢形成。

2. 不适当的表扬造成孩子的软弱

表扬是对孩子行为的鼓励和肯定,它起到心理强化的作用,不适当的表扬使孩子的行为向不良方向发展,使之定型,久而久之,甚至影响终身。

3. 不适当的暗示、恐吓造成孩子的软弱

在雷电交加的晚上,孩子正安静地睡在自己的床上,妈妈惊慌地把孩子抱在怀里,孩子从妈妈惊慌的动作和雷电的环境中学会了害怕闪电。还可经常看到一些母亲在孩子哭闹时，哄骗说："再哭，大灰狼就来了。"久之，孩子甚至不敢一个人在小房间睡觉。

那么，如何使软弱儿童变得坚强，有勇气，有专家建议从以下几点做起。

1. 支持软弱的孩子大胆地去做事情

（1）家长对孩子的保护应随着孩子年龄的增长越来越少，由原来的搀着走，变为半扶半放，最终使孩子能够大胆地去走。

（2）要提高孩子能够单独生活、适应社会的能力，这方面要随着孩子的成长越来越多，千万不要凡事包办，养成孩子胆小怕事的依赖心理。

2. 鼓励孩子大胆说话

在孩子面前家长少讲一些"你必须这样做"或"你必须那样做"等严重打消孩子积极性的话语，多讲一些"你看怎样办""你的想法是什么"之类的话。给孩子一个独立思考并发表自己意见的机会。

3. 鼓励内向孩子与社会打交道

让孩子与外界有所接触，走向社会，不局限于自己的那片天，多与他人交流，开阔眼界，增强认知能力，培养孩子处世能力。

当然，这只是如何克服软弱的几点方法，父母不能给孩子过于优越的生活环境，造成孩子凡事依赖别人的不良后果，要明白什么是真正的爱孩子，让他吃点苦，他才能够从真实的生活中懂得生命的意义！

制造"拮据"环境，让孩子树立正确金钱观

儿童心理学家认为，对孩子进行吃苦耐劳的教育，为的是培养孩子坚强的性格，而这一教育理念就是要在生活、学习的方方面面给孩子制造"拮据"的环境，让孩子最大限度地体验生活，从而磨炼孩子，提高其耐受力，进而促使其刻苦奋进，促使其独立自强。这一教育理念要求家长在培养孩子的过程中，要让孩子远离奢侈浪费，更重要的是，这是帮助孩子树立正确的金钱观。

随着物质生活水平的提高，现代孩子奢侈浪费的现象比较严重。有的孩子穿衣服总要穿名牌且喜欢互相攀比；有的孩子喜欢漂亮、高档的文具盒，常常是原来的文具盒还好好的就被丢弃了；有的孩子早餐买多了吃不下便随手扔进垃圾桶内；有的过生日邀请同学聚会……这些孩子只知花父母的钱，完全不知父母的辛劳。大手大脚地花钱、对金钱的依赖，这样的习惯正悄悄地改变着孩子的价值观、人生观和道德观。这令做父母的感到深深的忧虑。

要知道，在经济社会飞速发展的今天，孩子的这种奢侈浪费至少会带来以下几个方面的不利影响。

（1）分散精力，影响孩子的学习。

（2）加重家庭的经济负担。

（3）养成并助长孩子的虚荣心及奢侈浪费的生活习惯。

（4）容易让孩子的消费观念和消费行为走进误区，发展下去将容易导致违法犯罪的后果。

因此，家长对孩子的这种奢侈浪费现象千万不能掉以轻心，更不能盲目迁就，助其发展，而应该加强进行对孩子健康的审美教育，正确引导，帮助他们克服不良消费观念和消费习惯，形成正确的消费观念和消费行为。那么，家长该如何引导呢？

1. 提高审美情趣，端正消费观念

孩子对美的认识往往受父母的影响，甚至将父母的穿着打扮作为效仿的对象。如果妈妈说："你穿这件运动服真好看！"那么孩子就认为穿这件衣服很美，天天穿着不肯换。孩子追求名牌的心理，除受社会上高消费的影响外，也与家长自身的审美观、消费观有关。有的父母认为现在生活条件好了，给孩子买高档衣服是应该的，甚至以此炫耀自家的身份、地位，满足自己的虚荣心。有的父母宁愿自己省吃俭用，也要让自己的孩子在别的孩子面前"不掉价"。殊不知，这些家长的观念对孩子其实是一种误导。

2. 强化正面教育，发挥榜样作用

榜样的力量是无穷的。父母可以经常利用领袖人物、知名人士勤俭节约的故事来感化孩子。如给孩子讲艰苦朴素、勤俭节约的劳动人民本色的故事：以我们的父辈，为了使全国人民过上幸福生活，坚持自力更生、艰苦奋斗的事迹来教育孩子；还可以讲一些有作为的企业家，现在仍旧保持艰苦朴素的作风等。

3. 开展体验活动，引导正确消费

"让孩子当一回家"，父母可以把一个月中所有的收入告诉孩子，并放在抽屉中，让他来合理安排支出并记好账。引导他认识生活中处处要用钱，如果不勤俭节约就无法正常生活的道理。

旺旺小的时候，妈妈就有意识地培养他勤俭节约的习惯，每个月定期给他一定的零花钱，让他试着学习理自己的"财"，并经常让孩子买菜、做饭，体验持家的辛苦。

一天晚上，旺旺放学回来对妈妈说："妈妈，我们学校小卖部的铅笔太贵了，你下班回来路过文具批发市场时，给我买两支回来吧，到时候我给你钱，这样我就能省2毛钱了。"

妈妈高兴地说："好儿子，妈妈给你带。你真棒，都学会省钱了。"下个月妈妈给旺旺零花钱时，旺旺少要了几元钱，并对妈妈说：

"妈妈，我的本子要用完了，你再去给我多批几本吧，这样又能省不少钱。"

让孩子当家是一个办法，另外，可以让孩子参与和贫困家庭孩子的手拉手活动，通过交往，共同生活，体会身边许多贫困家庭生活的不易。同时还可以培养孩子的爱心，健全孩子的人格。当然，父母平时更应率先垂范，穿着朴素大方，给孩子以积极的影响，使孩子确立目标，确立正确的消费观念。

4. 利用外出消费，制约不当行为

当带孩子上街时，首先应该给孩子制定一个合理的消费范围，打一针"预防针"：什么该买，什么不该买。父母自己身上也不要带太多的钱。免得孩子到时提出额外的要求。当然，对孩子的优秀表现还应及时表扬肯定。毕竟孩子还是喜欢听到别人的表扬。这些都可以促进孩子节约品质的形成。

穷孩子不能"穷"观念，这样有利于树立孩子的金钱观、价值观，家长要让孩子远离奢侈浪费，才能有效的杜绝孩子的拜金主义金钱观，保持勤俭节约的消费习惯，帮助孩子积极健康地成长！

尽力争取，改变生活现状

面对看似绝望的境地，你是努力地去尝试，还是安于现状？事实证明，那些能够改变命运的人，往往是不甘心安于现状的人。不管什么时候，不管眼睛所看到的情况多么糟糕，他们的内心从来不会失去希望，他们总是竭尽所能地再试一试，直至成功为止。生活中，有些人之所以顺心顺意，并非因为他们运气好，而是因为他们始终在努力。

有一个人经常出差，买不到坐票是"家常便饭"。可是无论长途短途，无论车上多挤，他总能找到座位。

他的办法其实很简单，就是耐心地一节车厢一节车厢地找。这个办法听上去似乎并不高明，但却很管用。每次他都做好了从第一节车厢走到最后一节车厢的准备，可是每次他都没有走到最后就会发现空位。他说，这是因为像他这样锲而不舍找座位的乘客实在不多。经常在他落座的车厢里尚余若干座位，而在其他车厢的过道和车厢接头处，人满为患。

他说，大多数乘客轻易就被一两节车厢拥挤的表面现象震慑了，不会想在数十次停靠时，从火车十几个车门上上下下的流动中蕴藏着多少提供座位的机遇。即使想到了，他们也没有那一份寻找的耐心。眼前一方小小立足之地很容易让大多数人满足，为了一两个座位背负着行囊挤来挤去，有些人也觉得不值。他们还担心万一找不到座位，回头连个站的地方也没有了。与生活中一些安于现状、不思进取、害怕失败的人一样，这些不愿主动找座位的乘客大多只能一直站到下车。自信、执着、富有远见、勤于实践，会让你握有一张人生之旅永远的坐票。

其实，不仅对待坐车是这样的，很多人对待其他事也都是这样的。他们一边抱怨生活寡淡无味，一边却因惰性、惧怕改变而安于现状。天上会掉馅饼吗？当然不会，除非你自己努力去争取。假如我们没有尽力争取过，假如我们始终过着安逸的生活，我们就无权抱怨命运的不公。

第八章

培养有责任感的好孩子：敢于担当的孩子才能成大事

每个人在社会上都要承担责任，而且成就越大，承担的责任就越大。家庭是教会孩子承担责任的第一课堂，假如父母想让孩子成长为一个负责任、有担当、能自律的人，就一定要从点滴的小事开始培养孩子的责任意识。

责任感必须从小培养

人是一种社会性的动物,责任是一种对人的制约。所谓责任心,是指个人对自己和他人,对家庭和集体,对国家和社会所负责任的认识、情感和信念,以及与之相应的遵守规范、承担责任和履行义务的自觉态度。每个人都肩负着责任,对工作、对家庭、对亲人、对朋友,我们都有一定的责任,正因为存在这样或那样的责任,才能对自己的行为有所约束。社会学家戴维斯说:"放弃了自己对社会的责任,就意味着放弃了自身在这个社会中更好的生存机会。"

而对于孩子来说,他们的责任感必须从小培养,父母在这个过程中发挥着极为重要的作用。影响一个人责任心形成的因素有很多,家庭环境是十分重要的因素,家长的言行对孩子人格发展有潜移默化的作用。

一个11岁的美国男孩踢足球时,不小心打碎了邻居家的玻璃。邻居向他索赔13美元。那是在1920年,当时13美元可是笔不小的数目,足可以买125只能生蛋的母鸡。男孩没有办法,只好去向父亲承认错误,请求父亲的帮助。然而,父亲却斩钉截铁地对他说,男孩必须对自己的过失负责。

"我哪有那么多钱赔人家?"男孩非常为难。"我可以借给你。"父亲拿出13美元，"但一年之后你必须还我。"

于是，男孩开始了艰苦的打工生活。经过半年的努力，终于挣够了13美元这一"天文数字"，还给了父亲。这个男孩就是后来的美国总统里根。他在回忆这件事时说："通过自己的努力来承担过失，使我懂得了什么是责任。"

家长应该从身边的小事开始，培养孩子的责任意识，让孩子意识到责任的重要性，不能溺爱孩子。很多孩子从小就被父母"保护"起来，他们在生活上接受了过多的照顾和包办，行为活动受到了过多的限制和干涉，在需求上也被给予过多的满足。这样造成了孩子越来越娇气，生存的依赖性强，心理素质差，自然就不知道什么是责任了。

家长一定要让孩子从小历经生活的磨炼，让他明白什么是一个孩子应该承担的责任，家长可以做到以下几点。

1. 父母的教养态度和行为对孩子责任心的形成具有重要作用

对孩子采取民主的态度，鼓励孩子独立思考，允许他们表达自己的观点和看法，有利于孩子形成责任心。娇惯、过度保护孩子，让孩子从小养尊处优、自私自利、为所欲为，孩子成年后就会缺乏对社会和他人的责任心。让孩子绝对服从的教育方式只能培养出唯命是从、毫无主见、不负责的人。

2. 孩子心中有爱，关心他人，善待他人，这是培养孩子对社会的责任心的基础

例如，要求孩子主动关心老人、病人和比自己小的孩子。

父母生病的时候，让孩子学会照顾父母；让孩子知道父母的生日，鼓励孩子给父母送上一份生日礼物。

3. 让孩子做力所能及的家务劳动，培养孩子对家庭的责任心；和孩子进行协商，对孩子解释他们应该做某事的理由

把每件要求孩子做的事情，对孩子交代清楚，保证孩子能完全理解。耐心指导孩子做家务，以鼓励、表扬、奖励等方式对孩子的表现进行积极的反馈。

4. 让孩子信守诺言

对自己言行负责的父母知道为孩子做出遵守诺言的榜样。无论做出什么许诺，都要尽可能地实现，如果不能实现，一定要向孩子说明。告诫孩子不要轻许诺言，一旦许诺，就必须遵守。积极支持孩子参加学校的公益劳动和集体活动，培养孩子对集体的责任心。

但其实，责任心的培养，最终目的还是要让孩子学会担当，"担当"的意思是：接受并负起责任，意在强调行动的重要性。责任不需要整天挂在嘴边，这是一种意识，我们希望孩子明白，在遇到事情的时候必须承担后果。孩子从小学会"担当"，长大了自然就会有责任心。

因此，家长培养孩子的责任心，不妨从生活中的小事开始，让"责任"作为一种品质根植孩子的心灵。这样，才会培养出一个愿意担当、又能担当的孩子！

第八章　培养有责任感的好孩子：敢于担当的孩子才能成大事

热爱劳动的孩子，责任感强

　　生活水平一代比一代好，见识也是一代比一代广，从智商来说也是一代比一代更高，孩子从长辈那获取的关爱也是越来越多，如今很多家庭四个老人、一对父母疼爱一个孩子的现象已是不争的事实，可这种家庭环境下教育出来的孩子，却很容易好逸恶劳，凡事漠然。试想，一个不爱劳动的孩子又怎能积极主动地做其他事情？那些从小就主动自己打扫卫生的孩子，在参加班级及校内外活动方面都会表现出高度的责任感。家长不光要让孩子学习好、身体好，更重要的是要让他们从小具有承担责任的良好素质，长大后才能承担起对家庭、对社会的责任。

　　曾经看到过这样的报道：几位求职者面对主考官的提问时侃侃而谈，但经过考场门口时，却因为没把横在门口的一把扫帚扶起来而遭淘汰。主考官事后说："从一把倒地的扫帚可以看出这个人是否有爱心，能否为别人着想，小事都不愿做，又何谈做好工作？"

　　的确，通过是否热爱劳动，就能看到一个人责任心的强弱。其实，不爱劳动的孩子在当今社会并不少见，这样的孩子怎能担当得起未来家庭的、社会的责任？

　　通过劳动，可以培养孩子的责任感。其实，好逸恶劳，本来不是孩子的天性，而是家庭教育的结果。一般来说，家庭教育中很容易就忽视了劳动教育，甚至还会轻视劳动的价值，不少家长只是认为孩子上学就是学习知识，就是为了上大学，从而脱离劳动。我们都知道，孩子很小的时候，刚刚会动，就想做点什么。我们看到很多孩子会在父母的跟前忙前忙后，可往往不是得到表扬，而是受到指责，被埋怨碍事、添乱。其实，能够做点什么就是体现人的价值，人都是要从自己所做的事情当中体现出自己存在的必要和价值，培养孩子的责任感，进行劳动教育，也正是从这一点入手。

我们都知道著名的魏书生老师，他曾经带过一个所谓的刺头儿学生，转到他班的时候，第一次和学生谈话，魏书生让这个学生谈谈自己的优点，这个学生说自己没有优点，全是缺点，打架骂人、不好好学习、不遵守纪律等。但魏书生一定让他找到自己的优点，学生想了几天，好不容易想到"自己的心眼好"。魏书生老师就借着这一个"好心眼"大做文章，引导学生想，如何能够让同学们都感觉到自己的"好心眼"。后来这位学生想到，自己可以为班级修理桌凳，得到老师的肯定后，这位同学就整天地检查同学们的桌凳是否坏了，如果发现有不好的，就马上修理。后来，魏老师不仅肯定了这个学生为班级做贡献的光荣劳动，还引导学生遵守纪律、热爱学习，不久后这个学生不仅成为了班级中的优秀学生，学习成绩也进入了班级前五名。

魏老师教育这个学生，就是从劳动方面加强孩子的责任

第八章 培养有责任感的好孩子：敢于担当的孩子才能成大事

感，家长在教育孩子的时候也要这样，帮助孩子树立"劳动光荣"的理念和态度，对孩子进行一些身体上的"折磨"，具体说来，家长可以这样做：

（1）孩子还小时，要建立生活自理的能力，慢慢长大的过程中，要学习承担一些家庭劳动。父母可以根据孩子的年龄及能力，给孩子布置一些任务，随着孩子年龄的增长，赋予他们的责任也该相应增大。例如上幼儿园的孩子要学会自己穿衣服、吃饭，帮妈妈拎购物袋；七八岁的孩子要学会自己收拾房间，自己叠被子，整理、修补自己的玩具、图书，帮助摆放全家用的餐具，饭后扫地、倒垃圾，打扫楼道等。不论是什么任务，父母都应该用孩子能理解的方式给孩子讲明，使他意识到自己有责任将它做好。

（2）劳动的时候孩子表现得如何，家长要记在心里，尤其要想一想，要肯定的是哪些方面，应该提醒孩子注意的又有哪些。当孩子体会到劳动的快乐、获得家长的肯定的时候，他们也能从劳动中获得自我价值的肯定，同时，也有了"要把一件事做好"的意愿，这就让孩子形成了一种责任意识。

（3）家长要让孩子明白，一次没有做好，没有关系，关键要引导孩子思考以后该怎么做，让孩子劳动，不是单纯地为了劳动，而是一种教育，教育就不能指望一事一时一地，要逐渐让孩子形成规矩，养成习惯。我们不要期望一次的劳动，孩子就会有所提高，这时候的责任感就转化成了一种"能担当"的能力。父母必须有这样的意识，有些事情虽然父母可以做，也要让孩子坚持自己做。比如让八九岁的孩子去给奶奶送东西，告诉孩子，这一周爸爸妈妈很忙，你去替爸爸妈妈买些东西给奶奶送去；让孩子了解一些父母的忧虑和难处，提出一些问题，引导孩子独立思考和选择，大胆发表自己的见解，感到家庭的美满幸福要靠爸爸妈妈和自己的共同参与等。

简言之，只有家长给孩子劳动的机会，让孩子树立一种责任感，然后培养孩子承担的能力，孩子才有承担的可能，这是一个循序渐进的过程。这一点，家长必须要学会逐步放手，给予孩子相应的机会和信任，孩子的责任心就会循序渐进地培养起来。如果家长不懂得及时放手，孩子会克制自己积极向上的一面，变得越来越冷漠，心怀敌意而难以管理，孩子的责任心也就逐渐丧失了。

引导孩子对家庭和父母负责

每一个孩子身上都寄托着家庭对他的无限期望，要成长为一个独立的人，孩子就要学会对家庭负责、对生养他的父母负责。爱心应该是双向的，父母应该让孩子知道他对家庭、对父母还负有责任。作为家庭中的一名成员，孩子既应该享受权利，也应承担一定的责任，包括参与家庭中的岗位，承担一定数量的家务劳动。如果一个孩子对家庭层次的责任心难以确立，将来走上社会也难以向社会层次的责任心过渡。

有一对双胞胎姐弟，当他们回答别人的询问时，总是姐姐回答，弟弟只是做些简单的补充，姐姐的性格大方开朗，并且很有责任感，弟弟则性格内向、腼腆，有些胆小怕事。这两种不同性格的背后，则是奶奶常对他们说的一句话："你是姐姐，要爱护、保护弟弟，这是姐姐的责任。"正是姐姐的责任，让姐姐从小担起保护人的角色，而弟弟则是被保护人的角色，不同的角色，造成了二人不同的个性品格。

姐弟俩接受的是不同的培养方式，姐姐总是充当保护弟弟的角色，让这个小男孩有依赖感，胆小怕事，这样的孩子很难有责任心。而责任心是孩子健康成长的基石，也是孩子成为一个合格的社会人的最基本的条件之一。这样没有责任心的孩子，他的成长是不完整的，而这份不完整，将会极大地限制他将来的人生走向和生活模式。时下很多家长都是如此，"越俎代庖"，包办一切，使孩子产生依赖感。在培养孩子的责任感方面往往有这样一个误区：孩子小的时候，父母会因为孩子小而把所有的事都包揽，使孩子失去了主动、独立做事的机会。一旦孩子长大，到了小学高年级或是中学，想让他独立地做一些事，并有责任感，这时孩子却并不具备责任感。于是，父母开始埋怨、着急，认为孩子不懂事，自己的辛苦没有得到回报。

家长要让孩子明白，他必须做一名合格的家庭成员，承担起家庭的一部分责任，这样，他才有能力在未来的家庭生活中承担起相应的责任。那么，家长应该怎样才能从家庭开始，培养孩子的责任心呢？

1. 给予孩子充分的信任

当孩子被信任，被认为有能力并被接受的时候，他会关心更多的事物，没有什么比信任更能促使孩子建立起责任感了。反过来，信任的缺失最终也必将导致孩子责任感的缺失。

生活中，很多家长处处对孩子包办代替，这不是在帮助孩子，而是在坑害孩子。家长毕竟不能包办孩子的一生，当孩子走入社会、独自面对风雨的时候，谁来替他包办呢？他们总认为孩子还小，处处不放心，给予孩子过度的保护，什么事都替孩子安排好、处理好，不让孩子做任何事情，替孩子解决所有的问题……包办的背后其实是对孩子的不信任，而这样的孩子，其责任感在萌芽状态就被抹杀掉了，又如何期待他们"顺理成章、水到渠成"地承担起责任呢？

2. 家长要以身作则，尽好自己做父母的责任

家长自身对家庭、对社会的责任心如何，对孩子来说是一面镜子，父母的责任心水平可以折射出孩子的责任心水平。一个对家庭、社会毫无责任感的父母，不可能培养出有责任心的孩子。

家长要给孩子树立一个好榜样。父母在孩子心目中一般都

具有绝对的权威，所以父母的言行举止对孩子的影响是深远和巨大的。一个在生活中处处表现得不负责任的父母，即使想教育孩子做事要有责任心，孩子也会很不服气，很不以为然。反之，如果对待学习、工作都是很认真负责的态度，孩子也会耳濡目染。此外，父母可以时常有意识地与孩子谈自己的工作，把自己完成一项任务、克服一个困难后的愉快和成就感传达给孩子，使孩子能具体地感觉责任意识在生活中的重要性，从而主动、积极地养成责任习惯。

3. 让孩子养成动手的好习惯，自己的事情自己做，还要承担一定的家庭劳动

责任心的培养要通过孩子自身的实践体验，家长"越俎代庖"是无济于事的。有的家长代孩子整理书包，帮助孩子检查作业，这是责任心的"错位"和"越位"。让孩子自己承担应该做的事，孩子才能懂得上学读书不是个人的私事，而是对家庭和社会的一种责任。

对孩子家庭责任心的培养还应该大处着眼、小处着手。要让孩子在家庭岗位上感受责任的分量，倒一次垃圾、洗一块手帕都应给予表扬鼓励，失责时应给予批评和惩罚。只有这样，才能让孩子走出自我中心，强化对他人和周围环境的责任心。

总之，父母可通过鼓励、期望、奖惩等方式，督促孩子履行职责，培养责任心。父母包办代替，其实是剥夺了孩子为家庭承担责任的机会。为了让孩子坚强起来，父母有时要心

"狠"一点,让孩子在承担责任中磨炼、成长。对家庭负责的意愿和能力,是从小培养起来的。放手让孩子承担一定的家庭责任,这会为孩子将来的发展打下坚实的基础!

承担责任,是孩子人生的第一课

在一个人的成长过程中,要学习的东西很多。其中学会承担责任,是孩子人生成长过程中必经的一个重要步骤,是人生旅途中非常重要的一堂课。而这堂课,就需要家长给孩子上。因为责任感不仅要让孩子有责任心,还要让孩子勇于承担责任,这才是教育的根本目的。

然而,我们发现,在孩子的教育问题上,不少家长都感到很头疼。出于对孩子的疼爱,有些家长,尤其是爷爷奶奶、外公外婆,往往会怕让孩子承担责任,而忽略孩子所犯的错误,甚至纵容孩子。让孩子长大后成为一个正直、有所担当的人,家长的责任重大。父母应该让孩子知道什么是对的、什么是错的,什么可以做、什么不可以做。尤其是孩子犯了大错时,父母要勇于承担自己做父母的责任,为孩子做出很好的榜样,让他们明白做错事就要承担责任,要知错就改。为孩子包揽一切,甚至是过错,这不是爱孩子,而是害孩子,在教育孩子的方法上这是个败笔。

那么，家长应该怎样教会孩子承担呢？

1. 让孩子做事有始有终

孩子好奇心强，什么都想去摸摸、去试试，随意性也很强，经常做事虎头蛇尾或有头无尾。所以交给孩子的事情，家长要检查、督促及对结果进行评价，以培养孩子持之以恒、认真负责的好习惯。

2. 让孩子学会做自己不喜欢做的事情

英国王储查尔斯曾说："有很多事情我们都不喜欢做，但我们不但要做，而且要做好，这就叫作'责任'。""做好你不愿做的事情"是人成熟的标志之一，这话不假，没有兴趣也要用心去学，绝不可放弃，这依然是责任。

生活中责任处处存在，面对不可推卸的责任，家长应该教育孩子以积极的态度，全身心地投入，主动承担责任。

3. 有意识地为孩子设置一些生活障碍，让孩子自己担当

有这样一个故事：有一天，汤姆家门铃响了，汤姆打开门，见一个小男孩站在门前，他叫亨利，并指着斜对面那栋漂亮的房子，告诉汤姆那是他家。然后问："我可以帮你剪草坪吗？"汤姆看着他那瘦小的身材，很难相信他能够剪这前院、后院面积颇大的草坪。不过，既然是他主动要求做，就点点头说："好啊！"

男孩很高兴地推来剪草机，开始工作。他把笨重的机器推来推去，剪得相当整齐。

完成工作后汤姆付给他10美元，好奇地问他："你挣钱做什么用？"男孩说："上个星期我过生日，爸爸送我半辆自行车，我要赚另一半的钱。如果下个星期再让我给你剪草坪，我就可以去买了。"从那以后，汤姆家剪草的工作就给男孩承包了。慢慢地，附近几家的草坪也都包给他去做。

在家庭教育过程中，只要父母掌握好"扶"与"放"的尺度，让孩子承担起他应负的责任，孩子就能在父母的牵引下走向独立的人生之路。

能独立担当责任，意味着孩子性格的成熟。家长在教育孩子的时候，应该做个有心人，帮助孩子从小事做起，从有责任意识开始，到能独立担当。这样，孩子的责任意识和能力才会上升，才会树立远大的理想，才能把个人的奋斗目标与国家、民族的前途命运结合起来，自觉承担起时代赋予他们的历史使命。总之，教会孩子做责任的主人，信守承诺，勇担过错，学会反思自己的言行，更好地履行责任，孩子才会在承担责任中不断地成长！

不找借口，成长需要付出代价

每个人的成长都是在不断错误、体会、反思、锻炼、学习中完成的，成长需要付出代价。人的一生也是从无助和依赖

第八章 培养有责任感的好孩子：敢于担当的孩子才能成大事

到独立担当，这是人类的心理成长过程。这个过程如果进行得不好，无论处于什么年龄，都会停滞在某一阶段导致内心不能成长。

生活中，很多父母一看到孩子犯了错误或者看着孩子面临失败，就会非常心痛，然后把原因归结于外在。例如，刚刚学会走路的孩子，摔了一个跟头，站在一旁的妈妈会马上扶起孩子："都怨这块石头绊倒了宝贝，妈妈打它。"这样哄孩子的做法，很多家长都有过，孩子的认知过程是在家长引导下完成的，喜欢找理由或借口来逃避责任是父母给孩子带来的恶习。这样的孩子不仅长大后难以担当大任，就是生活中的"小任"也可能承担不了。这不是爱孩子，而是抑制了孩子的人格发展，造成孩子经常找借口的坏习惯。俗话说"人非圣贤，孰能无过？"一个人犯了错误并不可怕，可怕的是不认识错误、不承认错误、不改正错误。当我们面对失败时，不要一味寻找借口，而应该实事求是找出失败的真正原因，这样才能进一步完善自己、提升自己、发展自己。

我们培养孩子的好性格，就是要孩子在不断磨砺的过程中形成一种完整的品格，如果没有这种磨砺的过程，孩子的品格就很有可能有不完整的地方，孩子会缺失很多能力，包括爱的能力。一切别人对他们的照顾，他们都接受得心安理得，而不知道该怎样才能把自己的爱传递给别人，即便他们非常想去爱别人。

找借口除了无助于自己的成长之外，也会造成别人对我们能力的不信任。坦诚地面对自己的失败，拿出足够的勇气去承认它，不仅能弥补错误所带来的不良结果，而且能更好地得到别人的谅解。松下幸之助曾说："偶尔犯错误无可厚非，但从处理错误的态度上，我们可以看清楚一个人。一个集体需要的是那些能够正确认识自己的错误、及时改正错误并加以补救的人。"一个敢于承认错误，承担责任的孩子才能在未来社会中成为一个合格的社会人。

那么，家长应该怎样引导孩子克服经常找借口的坏习惯呢？

1. 以身作则

父母千万不能把恶习通过"言传身教"传给孩子，不能让他们从小养成一个凡事爱找借口、缺乏自我反省意识和喜欢逃避责任的习惯。

每一个借口都是一个人不愿迎难而上的一条精神逃路。做家长的不要把一些过时的消极格言作为自己不求进取的借口，更不能让孩子学那一套，诸如什么"难得糊涂"之类的话。殊不知，这只是聪明人的"一声叹息"，而决不是鼓励糊涂人继续"一塌糊涂"下去！

2. 学会倾听，让孩子积极地面对

孩子天生都是开放活泼、积极主动的。但很多孩子一犯错，家长不问青红皂白就先下一阵"冰雹"，他们哪还敢认

第八章　培养有责任感的好孩子：敢于担当的孩子才能成大事

错？倾听不是为了听他辩解和寻找借口，而是听前因后果，帮助他分析问题，告诉他错在哪里，该怎么办。错了就是错了，错了可以改，但是不能归咎于客观原因。客观事实是改变不了的，能改变的是你自己，是你自己如何去适应。

有句话说得好：成功者找方法，失败者找借口。可以这样说，一个人成熟的程度，最简单的方法可以用担当责任的程度来度量。不找客观理由而能及时反省自己，这一点也是要从小培养的，它和建立自信其实并不矛盾。事实上，越是有能力反省的人，越是有自信的人。

家长不能什么事情都替代孩子做，这并不是爱他们，因为帮孩子帮不了一辈子。唯有让孩子自己去解决更多的难题，训练他们自己担当的能力，孩子的心智才能健康发展！做到以上这些，才能养育出能为自己行为负责的孩子，孩子才不会为自己的失败或者错误找借口，也会变得越来越成熟！

允许孩子犯错，教会他承担责任

我们教育孩子时，要对孩子的意志和能力加以磨炼。生活中，很多家长已经意识到它的重要性，这毋庸置疑也是正确的培养孩子的方式，但事实上，很多父母却片面理解了它的含义。

生活中，我们常常听到这样一些语言："傻瓜！骗子！不中用的东西！废物！"

（1）侮辱——你简直是个饭桶！垃圾！废物！跟你那笨爸爸一样！

（2）难为——叫你不要做，你还要做，真是不可救药！

（3）压制——不要强词夺理，我不会听你狡辩！

（4）强迫——我说不行就不行！还敢顶嘴！

（5）威胁——你再不学好，妈妈就不爱你了！滚出去！

（6）央求——我求你看一会儿英语吧，儿子！

（7）贿赂——只要你这次考100分，我就给你1000块零花钱！

这些语言都是对孩子破坏性的批评，很容易让孩子产生逆反心态，让孩子放弃关心他人，变得厌烦一切、难以管教并产生学习问题。在这个过程中，孩子的责任意识也就流失了。

小张是个学生，他的父亲为了锻炼他的意志品质，在小张每次犯个极小的错误后都教育他说："你第一次犯错我不打你，但是如果第二回又错了叫我怎么原谅你呢？"可是小张毕竟太小，第二回、第三回还是没做对，父亲就会教育他说："你看你以前犯错我都没打你，可是你这回又错了，要是再不打你怎么让你进步呢？"刚刚懂事的小张，每次到这时就羞愧万分，觉得自己真是错了。

小张爸爸的这种教育方法到底好不好呢？他到底培养起小

张的意志品质了吗？经过爸爸这样教育的小张，在学校里总是唯唯诺诺，显得很胆小。而且老师一说他就哭。他好像并没有出色的意志品质。

小张爸爸的这种做法可以遏止孩子犯错误，但从某种角度看，这样的家长却是扼杀孩子责任感的杀手，因为孩子是不会被打成胆大的，而是越打越胆小。孩子也不可能被打得不犯错误，而是越打性格问题越多，孩子也就没有勇气去承担，所以，如果不允许孩子犯错就是不允许孩子成长，成长总是要犯错的，如果一犯错就被惩罚，会导致孩子不敢犯错，干脆不去尝试新知识、新领域，以避免尝试中犯错了挨打，这样教育出来的孩子，创造力差，胆小怕事，更谈不上为自己的行为负责。

对于孩子的错误，大凡可分为两种，一种是必须立即纠正的，如乱丢垃圾、欺侮弱小等。这类错误，一旦放任，就难以收拾。而另一种，即孩子能够自行纠正的那一类错误，应该允许孩子犯。孩子不断犯错误的过程，其实正是不断承担错误、改正错误、学习技能的过程。假如不给他机会，非但剥夺了孩子寻求正确方法的乐趣，也会使他们变得懒于动手，养成依赖父母和不负责任的坏习惯。

每个人都难免犯错误，怎能苛求孩子不犯错误？我们应将孩子犯错误过程中的不利、消极因素转化为有利的、积极的、合情合理的因素，多给孩子"尝试—错误—完善"的机会。家长过分地照顾帮助、一味地指责惩罚，恰恰牵制了孩子想象力的发挥和拓展，最终反倒有碍于他健康成长。那么，家长该怎样面对孩子犯错呢？

1. 改善一下家庭的互动模式

孩子越是"屡教不改"，家长越是提高警惕。这是典型的"警察"与"小偷"的家庭互动模式。家长时刻绷紧神经，努力监督，一有错误就冲出来指责孩子。这样，除了让孩子自信心降低、反复出错外，家长收获的也只有着急和不解。改善一下家庭的互动模式，就要求家长找一点喜欢的事情做，在孩子出错时，用朋友的语气告诉孩子："其实我小的时候也容易犯这样的错误，但通过努力，我相信你是一定能改正的。"

2. 改变一下家长的教育观念

错误是最好的老师，犯错误后孩子自己往往能够找到解决的办法。没有错误孩子就不会健康地成长。家长对孩子的完美化要求，只能让孩子变成温室内的小花，他们长大后往往不能适应社会的风雨。家长只有有意识地让孩子接受他应该承受的挫折，孩子才能学到他所真正需要的东西。

3. 改用一种有效的教育语言

国外的心理学家讲，孩子在成长中需要得到50000次的鼓励和欣赏，才能成为一个高自尊的人。针对孩子自信心不足的情况，在与孩子互动中，家长将指责的教育语言改成鼓励赞赏的语言是解决问题的关键。父母要允许孩子犯错误，善于从错误中既看到不足，又看到孩子潜在的能力。父母的一句"我相信你还会把事情做完做好的"，会极大地增强孩子的自信心，促使孩子养成积极、认真、严谨、更敢于承担的做人处世的态度。

在运用这类语言时应该注意如下问题：主语用我；针对具体的行为；发自内心的鼓励赞赏；从不同方面和不同角度。孩子一旦自信心提高了，认为自己有很多优点了，问题也就得到根本的解决了。

所以，要允许孩子犯错，孩子正是在一遍遍犯错中成长起来的，这样教育孩子，孩子才可能心理健康而完整。父母在教育孩子的时候，要对孩子做的事情给予肯定和鼓励。很多父母只考虑到怎样让孩子越来越好，而不能接纳孩子犯错。事实上，孩子年龄小、经验不足、考虑问题不周全，在做事的过程中，难免会出现一些失误，因此，父母对孩子各个年龄阶段容易出现的问题应该有个心理准备，在他们出现问题的时候能够与他们心平气和地谈。父母应该意识到，孩子犯错误是一个学习正确做法的过程，如果孩子能够把错误摆在面前，愿意承担责任，改正错误，反而会成为值得父母骄傲的好孩子！

不懦弱，但必须学会忍让

在传统教育中，忍耐和礼貌、尊老爱幼等内容都会一起作为美德教育传授给孩子。即使在现今社会中，学会忍让仍然是一种美德，重要的是，父母应该智慧地教育和引导孩子，在谦逊知礼的同时，还应教会孩子有自信心和竞争力，以适应今后的社会生活。

古人云："识时务者为俊杰。"审时度势是每个人生存、生活的必修技能。真正的强者能屈能伸，明白内外环境和因素对自己的影响，明白自己的境遇，能找到自己的立足点，从而忍耐并静心地去等待，创造利于己的条件，在最佳时机出击，并最终获取成功。

孩子在未来社会中都要参与竞争，适当地学会忍耐能让孩子冷静地剖析对自己有利与不利的因素，并去争取和创造更多对自己有利的条件，为自己的腾飞"蓄势"。能忍耐的这种意志力，需要家长的从小教育，但忍耐不是懦弱，懦弱是不自信、胆怯、丧志，甚至于逃避；忍耐则是暂时的，为的是能找到更好的"突破方向"。家长必须要告诉孩子懦弱与忍耐的区别，让他们适当地把握这中间的尺度，在未来社会竞争中伺机而动。

父母若想把孩子教育成未来社会的强者，避免懦弱性格的产生，就需要让孩子有足够的自信。一个自信的人，当自己的

第八章 培养有责任感的好孩子：敢于担当的孩子才能成大事

权益被人侵占时，绝不会坐视不理，他们有着强烈的"维权意识"。而相反，一个从小生活在父母的拳打脚踢中长大的孩子总是心怀恐惧，如有的家长经常用一些刺激性语言吓唬孩子，给孩子讲"鬼怪"故事，本来是想让孩子听话、老实，没想到却生成了孩子性格上的缺陷。还有的家长虽然意识到了吓唬孩子不对，却又走到了另一个极端。当孩子表现出胆小或害怕时，家长又表现出过分的关心和爱护，把孩子紧紧地搂在怀里千哄万哄，不离左右，为他忙前忙后，甚至把平时孩子最喜欢的吃的、玩的一并送上，想借此打消他的懦弱心理。

那么，父母到底怎样做才能让孩子明白懦弱和忍耐的区别，让孩子既能自信，又不飞扬跋扈呢？家长不妨做到以下几点：

（1）当孩子感到害怕、凡事退缩时，家长要多加鼓励。要明确孩子怕什么，针对孩子所怕的事物进行科学地解释和适当地安慰。家长平时也要有意识地从正面对孩子进行勇敢教育。可以给孩子讲一些少年勇敢的故事，以激励孩子锻炼自己胆量和意志的决心和自信心。

例如，孩子不敢一个人去厨房或者厕所，家长就可以训练他单独去干点什么，"去帮妈妈把厨房里的杯子拿来，我急等用"。一般懦弱的孩子在晚上天黑之后，听到让他去厨房，就会有些犹豫，如果家长说些"别怕，那儿什么都没有"之类的话，或者见孩子有些犹豫就干脆大声斥责"胆小鬼"，只能加重孩子的害怕心理，让他觉得干这件事很发怵，孩子需要用温柔的方式去呵护，而不是"摧残"。家长需要换一种说法，用很平淡的语气对孩子说："我要蓝色的那个杯子。"或者"请你帮我把两个杯子全拿来，我等着倒水呢。"孩子的注意力就会转移到你让他干的事情上，"拿几个，什么颜色的"而不会在意去哪儿，那个地方怎么样。当孩子回来后，家长应给予口头奖励和物质奖励，增加他的自信心和荣誉感。尤其是当孩子主动表现出勇敢和其他正常的胆大的行为时，家长更应该及时鼓励，这样通过反复强化训练，孩子的胆小懦弱就会逐渐被纠正过来。

（2）当孩子的"权益"被侵犯时，家长要正确地引导，告诉他可以忍耐的限度。例如，当他被别的小朋友欺负时，要让他学会和别人理论，理论无效时，你不妨放手，让他用孩子之间的方式解决问题，要有意识地忽视他这种不满的情绪。

（3）很多懦弱的孩子都属于环境适应能力较弱型，这可能和他的性格有关。这些孩子大多性情沉静、沉默寡言，虽然易形成勤勉、实事求是等优点，但也可能发展成消极、懦弱等。在长辈的过分疼惜下，孩子穿衣洗脸、剥鸡蛋等小事都被家长包揽，这剥夺了孩子社会化发展的机会，这是造成孩子性格懦弱的主要原因。放手让孩子成长，是解决这个问题的关键。

（4）在强化孩子的自信、克服他的胆小懦弱时，不能操之过急，也不能采取压制的手段。有些家长"恨铁不成钢"，

第八章 培养有责任感的好孩子：敢于担当的孩子才能成大事

整天大声地斥责孩子，"你怎么这么废物""胆小鬼"，结果孩子受这种消极暗示的影响，更会觉得自己不行，什么都不敢做，哪儿都不敢去，胆子会愈发变小。家长应该多想些办法，在自然、宽松的环境中，使孩子的潜意识发生变化，由于这种变化是在无意识中进行的，孩子易于接受且效果比较好。

克服孩子的懦弱心理，是让孩子自信的根本目的，但同时，也要让孩子学会忍让。"海纳百川有容乃大"，会忍耐的孩子才能拥有大海般宽广的胸怀，才会在未来生活中用人格魅力征服别人，才会成功、得到尊重，生活才会更美好！

第九章
注重培养孩子的自律力：先管住自己才能去征服世界

> 自律不是天然就会的，它是需要学习才能不断增强的一种能力。父母自己开始追求自律，就会逐渐学会很多自律的方法和策略。自律是终生的功课，也是最应该教授给孩子的功课。自律才是最好的教育，要教会孩子如何自律，要用自身的自律去教育孩子。

培养孩子的自我控制能力

只要在这个世界上生存,就会接触到来自各方面的诱惑。抵制诱惑并不是每个人都能做到的,因为每个人都有许多需要,有衣、食、住、行的需要,也有爱的需要。如果这些需要既符合我们的眼前利益,又符合我们的长远利益,我们就应该努力满足这些需要。例如,求知的需要就是这样的需要。然而,有些需要只能暂时得到满足,却会造成长远的、重大的损失。如果这个需要吸引着我们,这就是诱惑。如吸烟、喝酒、赌博等,这些嗜好只能满足我们的一时快乐,从长远角度看对我们有害无益。处于成长阶段的孩子,如果对来自社会各方面的诱惑缺乏一定的自我控制能力,很容易步入误区,这就需要父母的教育与引导。现代社会,大部分家庭因为孩子是独苗,害怕孩子受到任何伤害、吃一点点苦,于是包办孩子的一切,但家长却忽略了诱惑的存在,温室中长大的孩子对诱惑没有辨别力,更谈不上抵制诱惑了。

处于身心发展过程中的孩子,许多活动虽能带来一时满足,却贻误终生。所以,遇到的诱惑格外多,主要有以下几种。

1. 玩的诱惑

游戏机、体育活动、电影、电视,有的孩子不顾一切地去玩儿，"活到老，玩到老"，从不想玩过之后如何面对老师和家长；还有孩子玩过后总后悔，但每次都经不住诱惑。

2. 考试作弊的诱惑

一些孩子希望考出好成绩，可又不努力用功，经常在考试中作弊，他们表面上有了一个好成绩，但却在中考、高考中露了馅，最后只能是名落孙山。

3. 享乐的诱惑

社会上流行的时尚、美酒、美食、名牌服装等也是一种诱惑，一旦满足了这些需求，孩子就会丧失进取的动力，不能安心学习。

这些诱惑是不易抗拒的，因为它们能给人带来巨大的满足和快乐，可从长远立场看，它们造成的损失与痛苦远远超过暂时的满足。所以，孩子必须抗拒诱惑；也只有抗拒诱惑，才能走向成功。

那么，家长该怎样帮助孩子抵制诱惑呢？

1. 要让孩子知道为什么要抵制诱惑

要让孩子知道不抵制诱惑就可能沾染不良习气，就可能受到伤害或者伤害别人，就可能产生不良后果而影响自己的生活甚至以后的人生。

2. 要让孩子知道应该抵制哪些诱惑

一切可能让自己偏离方向，产生不良后果的，都应该抵制，如色情信息、江湖义气等。

3. 要让孩子知道怎样抵制

这也是最为重要的：要从内、外两方面抵制，既要抵制自己的不当想法和不良行为，又要抵制外界对自己的不良渗透和诱导。

具体说来，父母应该引导孩子做到以下几点。

1. 用知恩感恩抵制自私自利

自私自利的孩子更容易被诱惑。自私自利会让孩子变得一切以自己为核心，而不顾及别人的感受。长期如此就会培养出损人利己的个性，会诱发出很多不良习惯，并造成诸多难以挽回的后果。让孩子认识到哪些是对自己的帮助、关爱和恩惠，并懂得用一颗友善的心来感恩、回报。这将培养出更能令外界接受的人格魅力，有利于日后人际关系的确立和自身的发展。

2. 用知责担责抵制放纵任性

孩子放纵任性大多是因为缺乏责任教育。很多孩子不知道自己来到这个世界上是有使命、有责任的。要让孩子知道对自己、对家庭所担负的责任，知道自己不恰当的行为会出现不良的后果，并为此承担一定责任。孩子的责任感强了，放纵和任性心理就会削弱，就会在主观上要求自己避免做出过格的事情。例如责任感会促使孩子避免过早发生性行为。

3. 用善良慈悲抵制施害作恶

孩子的本性都是好的，告诫孩子不当行为会给别人带来痛苦，会使自己背负罪责。引导孩子用善良和慈悲心对待事物，为人处世尽可能换位思考，多考虑对方的感受，多考虑是不是会伤害到别人的利益。只有努力使自己做一个"己所不欲，勿施于人"的人，才能让自己远离罪恶、减少过错。

4.用意志品质抵制渗透诱导

孩子抵制不住诱惑，主要是缺乏顽强的毅力和想去抵制的意愿。抵制诱惑和不良渗透，也是磨砺孩子意志品质的一个过程。诱惑越大，需要的抵制能力就越强，抵制住诱惑则证明孩子的毅力和意志够坚强。帮助孩子培养顽强的毅力和坚强的意志，才能更好地抵制诱惑，才能避免被"拉下水"而出问题。

当然，除了以上几点外，还需要一些方法。例如，家长要为孩子鼓劲，及时与老师沟通交流，努力提高孩子的学习能力，以争取更好的成绩。学习成绩对于一个学生来说还是很重要的，好成绩会带来更好的成绩，从而步入一个良性循环；相反，挫败感会使新的失败接踵而来，从而步入一个恶性循环。成绩如果差，孩子会产生厌学心理，破罐子破摔，再加上过剩的精力，必然会把孩子推向一些不良嗜好，步入种种诱惑的陷阱。

所以，家长要帮助孩子树立必胜的信念，增强他们抵制诱惑的信心。久而久之，孩子对诱惑也就有一定的免疫力了。

好的习惯成就好的性格

"现在的孩子知识面广,脑子灵,就是有点'懒'",这是很多家长对孩子的评价。当然,孩子懒散的原因是多方面的,但主要是因为现代社会家长对孩子的娇宠,在衣来伸手、饭来张口的家庭生活中,孩子缺乏劳动习惯而变得懒散,久而久之,导致动手能力差,做事缺乏毅力和耐力。孩子作为社会的接班人,必须发挥先辈艰苦奋斗的作风,不能让懒散成为成长的绊脚石,这就要家长帮助孩子改掉做事不肯钻研、怕苦、怕烦的坏习惯。

的确,教育就是培养习惯,好的习惯成就好的性格,良好的行为习惯要从小培养,若不想自己的孩子成为小霸王、小懒虫、小磨蹭,明智的做法就是不做"有求必应"的父母。

生活中懒散的孩子可不少,懒惰是孩子学习上乃至生活中的天敌。懒散会导致孩子抗压能力差的性格缺陷,给以后的学习和生活带来很多困难,懒惰的孩子喜欢成天闲荡,听课精神不振,不做作业,也不温习功课。那么,父母怎样帮孩子改变懒散行为呢?

1. 帮助孩子合理安排时间

懒惰常常与生活散漫分不开。养成有规律的生活节奏是矫治懒惰习性的第一步。日常生活井然有序的人,做事就不会拖拖拉拉。

2. 激发孩子学习兴趣

兴趣是勤奋的动力,一个人对某项事物产生兴趣,便会积极主动地投入,消除怠惰。有位同学原来对课本学习不感兴趣,上课随便讲话、做小动作。班主任老师在一次家访中,发现他爱饲养小动物。于是班主任老师有意让他参加生物兴趣小组,并委托他饲养生物实验室的金鱼。由于他的兴趣得到合理引导,使得他不仅在课外活动中主动积极,而且生物课学习中也表现得十分认真。

3. 让孩子独立解决问题

依赖性是懒惰的附庸,而要克服依赖性,就得在多种场合提倡自己的事情自己做。家长不要做孩子的贴身丫鬟,面对懒散、抗压力差的孩子最好方法是不要为他们做得太多,安排好所有的事情其实是害了他,让他自己面对生活必需的事情。例如,独立地解一道数学题,独立准备一段演讲词,独立地与别人打交道等。

4. 培养孩子的自理能力

自理能力对孩子自我意识和独立人格的形成有重要影响。那么,如何培养孩子良好的自理能力呢?

(1)家长要根据不同的年龄阶段,不断地教会孩子生活的本领。要正确对待孩子学习中表现出来的"笨拙",对孩子的失败要有足够的耐心和宽容。

(2)凡是孩子力所能及的都尽可能让孩子自己去做,孩子应该自己管好自己的东西。家长要教给孩子一些应付意外的办法，如迷路时应向何人求援等。

（3）孩子面临不知如何处理的事情时，不要立即帮助他，应从旁观察出现困难的地方，然后鼓励他、提示他，协助他自己解决，从而树立他的自信心。

5. 不回避挫折

生活是最好的老师，逆境中学到的东西往往比顺境中学到的多，帮孩子回避挫折，就让孩子失去了学习的机会，他将来要花更大的代价去补习。

6. 培养孩子勤奋的作风

学习懒惰是一种不良的行为习惯，也反映了一个人对生活、对学习的一种态度和观念。所以，要帮助这些孩子认识到勤奋是人不可缺少的美德。勤奋可以改进自己的学业，可以使人事业成功、生活幸福。勤奋的人比懒惰的人有更多的人生乐趣。

7. 让孩子加强体育锻炼，保持情绪上和体力上的活力，改正懒散的习惯

有些孩子学习懒惰是因为身体虚弱或疾病，他们的身体容易疲乏，学习难以持久。应鼓励他们多多参加体育活动，改善营养或积极治疗，以增强体质，增强生命的活力。

一位母亲说："我可以用很懒散来形容儿子。他睡瘾很大，白天也爱睡，书看不到半小时，他就开始打瞌睡。想让他

帮忙做点事，我还没开口，他先喊累，没有小孩子应当有的朝气。我认为他之所以懒散，是因为缺乏活力。于是，我先帮他采取'分段学习'法，学习半小时休息10分钟，背英语课文也一样，背两段休息一会儿。复习迎考时，我与他用问答方式整理资料，避免他一个人学习时打瞌睡。做完作业，我会赶他下楼和他踢足球、打羽毛球，使他保持活力。坚持的结果是：儿子在中考中取得了意想不到的好成绩，考上了重点高中。他尝到了甜头，情绪很高，对未来也信心十足。"

8. 做孩子的坚强后盾

鼓励孩子学会处理自己的事情，当遇到挫折时，告诉他"无论发生什么事，我都会在你身边"。例如：

（1）多用三个字的"好话"：好可爱！好极了！好主意！好多了！真好呀！做得好！非常好！恭喜你！了不起！很不错！太棒了！

（2）多用四个字的"好话"：太奇妙了！真是杰作！那就对了！多美妙啊！我好爱你！继续保持！你很能干！做得漂亮！

（3）多用五个字的"好话"：做得好极了！继续试试看！真令人惊讶！真令人感激！真的谢谢你！你办得到的！你帮得很对！你真的可爱！你走对路了！

家庭作为具有血缘关系的社会群体，以其先入为主的重要性、多维性、家庭群体中交往接触的密切性，成为孩子接受教育的第一所学校，形成他最初的观念，成为他接触其他现实影响的过滤器，良好的家庭与家庭教育将为个人成才提供有利的基础。家长要明白，懒惰的原因是多种多样的，家长要根据不同的起因灵活采用不同的纠正方法。另外，懒惰是一种不良的行为习惯，"冰冻三尺，非一日之寒"，所以，孩子的懒惰行为不是一朝一夕就能改变的，家长要鼓励孩子持之以恒，为孩子适应未来激烈的社会竞争做好准备！

帮助孩子学会控制自己的欲望

人的欲望是无限的，但作为一个身心健康的人，一般都能控制自己的欲望，而被欲望控制的人将没有幸福感。控制自己的欲望，需要从小学习。否则，年龄越大，越是难以控制。随着物质生活的丰富，现在的孩子越来越容易得到物质上的满足，导致孩子的欲望越来越强烈。很多时候，家长很宠爱孩子，对孩子的要求百依百顺。哪怕孩子要天上的星星，家长都恨不得找到一个可以登天的梯子上去摘几颗下来。可是，这样对待孩子真的是为了孩子好吗？

家长一定要让孩子学会如何靠自己的双手去获取幸福，脚踏实地、一步一个脚印地追求梦想，而不是被欲望控制，成为欲望的傀儡。具体说来，家长可以从以下几个方面帮助孩子控制自己的欲望。

1.要让孩子懂得一切事物都有个度

让孩子明白欲望无止境，这主要是让孩子进行心理暗示，让孩子体会到控制欲望从而拥有幸福感的快乐。相反，也要让孩子学会对比，要告诉孩子，不能买的东西不买。不能因为孩子的任性就满足孩子。要告诉孩子，有些时候，想要的东西，不一定就非要得到。不该要的东西，就不能要。让孩子知道，有些欲望是不能满足的。

2.通过激励的方法，锻炼孩子控制欲望的能力

家长可以采取适当的奖励来鼓励已形成的自制能力。当孩子有了好的变化时，如果得不到及时的关注和激励，这种行为可能会退缩，回到原来的状态。家长可以采取以内在奖励为主、外在物质奖励为辅的手段来对孩子进行奖励。内在奖励，如用真诚的、赞赏的语气对孩子说："你真的长大了，如果你坚持下来的话，你一定会成功的！"尤其是那些平时很少和孩子交流的家长，家长的关注会让孩子更加坚定上进的信心。外在物质奖励不要过于频繁，而且最好用于结果而不是过程。例如，当孩子通过一段时间的努力，不再对购买玩具有强烈的欲望时，你可以对他进行适当的物质奖励。

3.家长要帮助孩子设立适宜的目标

这有利于让孩子形成一种满足感、成就感，对于帮助孩子控制自己的欲望也是有帮助的。当然，孩子的自我期望要建立

在符合自己的实际情况、切实可行的基础之上。孩子应该有理想、有志向，但这种理想和志向不能是高不可攀的，也不能是唾手可得的，而应该是通过一定的努力，可以实现的适宜的目标，应该符合个人的个性特点和实际能力水平。

从心理学的角度讲：为了要达成一个大的目标，不访先设定一个小的目标，也就是阶段目标，这样会比较容易操作和实现。因为许多人会因为目标过于远大或理想过于崇高而心灰意冷，从而放弃追求，这是很可惜的。家长应该从中吸取教训，可以帮助孩子设定阶段目标、近期目标，孩子便会很快获得令人满意的成绩。在他逐步完成自己的小目标的过程中，他就同时有了很强烈的心理满足感，心理的压力也就会随之减小，大目标经过个人的努力，总有一天会实现。

但家长要注意，帮助孩子学会控制自己的欲望，这是一个循序渐进的过程，因为自制力不可能是一念之间产生的，也不是下定决心就可以立刻形成的，这需要一个过程。如果你给孩子规定从明天开始就要好好学习，他们达不到目标时往往会产生挫折感和无能感，丧失改变自己的信心。所以，自制力的形成不要期望一蹴而就。例如，你可以让孩子在第一周时每天学习1个小时，少玩15分钟；倘若做到这一点的话，第二周每天学习1个半小时，少玩20分钟；再做到这一点的话，就可以每天学习2个小时，少玩30分钟。当行为变成一种习惯时，这种控制欲望的自制力也就自然而然地形成了。任何坏习惯的改变或好习

第九章 注重培养孩子的自律力：先管住自己才能去征服世界

惯的形成都可以采取这个方法。请记住，循序渐进，有利于培养孩子的自信心，并且不会给孩子造成过大的心理压力，使他们能轻松地拥有自制力！

增强自律，让孩子拥有更好的未来

元代大名鼎鼎的教育家、思想家许恒不但在学术方面颇有建树，还在朝廷中担任重要的职务。许恒总是宽以待人，严于律己，尤其是在对待学生时，就像对待自己的孩子一样亲切关爱。然而，许恒对自己的要求非常严格，哪怕是在没有外界力量约束的情况下，许恒也拥有超强的自制力，从而保证自己无论在怎样的环境中，都是言行一致的君子。

有一年夏天，骄阳似火，局势动荡不安，很多人都逃离生活的地方，去其他地方避难。因为长途跋涉，每个人都又渴又饿，许恒作为文人体力更差，在走了一段时间的路之后，他满头大汗，面色苍白，浑身都疲倦无力。正当大家准备原地休息的时候，突然有人喊道："前面有梨树，满树都是大大的梨子，可以摘着吃！"大家闻讯全都急匆匆地赶到前面去摘梨子吃，只有许恒依然按照原计划坐在原地休息，不为所动。

有一个人很惊讶，问许恒："前面有梨园，你为什么不去摘梨子吃呢？"听到这样的提问，许恒依然坐在那里纹丝不动，他正气凛然地说："这些梨树肯定是有主人的，我们不能在主人不在的时候，偷偷地摘梨子吃。"听到许恒的话，那个人不由得嘲笑许恒："你可真是个书呆子，读书都读迂了。如今人命都难以保全，主人早就逃离了这个地方，哪里还顾得上他的梨子呢？"许恒当然知道这些梨树的主人可能早就不知所踪，但是他依然坚持自己的原则。这些梨树尽管眼下没有主人来看护，但并不意味着它们是无主的财产。想到梨树的确是有主的，许恒坚决不能把它们视为没有主人的梨树去任意采摘。

最高境界的自律，就是克己慎独。在这个事例中，许恒明知道梨树的主人并不在，也知道主人短期之内不会回来照顾梨树，但是他依然按照原则要求自己，绝不轻易地放松标准。不得不说，许恒的自律力量是非常强大的，正是因为有这种力量的约束和督促，他才能够在学术上做出伟大的成就。

一个人如果在外界有约束力的情况下能够管理好自己，这不足为奇，因为人是群居的，每个人都很在乎他人对自己的意见和评判。在这种情况下，他们管理好自己，也是必然的。但是，如果一个人在没有外人见证和约束的情况下，依然能够克制好自己，绝不轻易地放松对自己的要求，更不任由自己做出违背原则和理性的事情，那么这样的自律力才是更强大的，才是真正的自律。

在现实生活中，每个人都肩负着多重角色。一个女人，既是妻子，也是母亲，还是女儿；一个男人，既是丈夫，也是

第九章 注重培养孩子的自律力：先管住自己才能去征服世界

父亲，还是儿子。这只是在家庭中的角色，在职场上，每个人还会肩负着更多重的角色。在这种情况下，可想而知，一个人要想真正活得明白透彻是很艰难的。尤其是当不同的角色都面临各种诱惑和欲望的时候，很多人都容易放弃自己，做人做事的原则偏离内心的轨道，甚至让人生因此而陷入困境。那么作为新时代的人，作为未来社会的栋梁，孩子们又该如何增强自律，从而拥有更好的未来呢？

孩子们一定要做到以下几点。

首先要收敛自己的本性。人的本性中有很多的劣根性，我们在众目睽睽之下要管理好自己，而在没有人监督的时候，我们同样要管理好自己，约束自己，不要让自己肆意妄为，尤其是不要打破自己对规则的遵守。很多孩子在想放纵的时候，会安慰自己说"只放纵这一次"。实际上，正是这一次的放纵，就会导致严重的后果，更会让他们的欲望极度膨胀，导致他们后来无数次违背规则，做出逾越规矩的举动。其次，孩子还要做到表里如一。很多孩子都是非常聪明的，能审时度势，根据外界的情况来调整自己对待外界的方式与方法。这如同双面人的表现，对于孩子的成长绝没有好处。每个人都要言行一致，表里如一，不要当着别人面一套，背着别人面一套，做一套，说一套，这很容易就会让自己产生混乱的思维和认知。最后一点就是一定要宽以待人，严于律己。很多人恰恰把这件事情做得颠倒了，那就是对待自己非常宽容，而对待他人却非常严格。所谓宽以待人，实际上就是对待他人宽容，而严于律己，则指的是再次犯错误的时候不要总是无限度地原谅和宽容自己。实际上，一个人如果想要原谅自己，是很容易找到理由的，但是这样的做法并不理智。明智的人一定会做到克制自己，严格要求自己，否则一旦放松对自己的要求，就会放弃很多原则。所以孩子们尽管年纪还小，却依然要严格要求自己，这样才能够让自己的成长遵循一定的原则，也让自己的每一步都走得踏踏实实、稳稳当当。

不断努力，才能够逐渐接近成功

高考后，雅丽没有考上心仪的大学，为此她决定复读一年，从而继续拼搏。父母也很支持雅丽，希望雅丽最终能够考上理想的大学，也能够拥有成功的人生。在父母的支持下，雅丽非常勤奋，虽然暑假到来，但是雅丽没有休息一天，而是继续学习。她还主动请求爸爸妈妈为她报了补习班，每天天刚亮就起来去上课，直到天黑才回家。就这样，经过一个暑假的努力，雅丽复读的时候在班级里名列前茅，成为学习上不折不扣的佼佼者。

和雅丽恰恰相反，同桌小雪也没有考上理想的大学，但是小雪并不想复读，她只想去打工挣钱。尽管在父母的强迫下，小雪不情愿地选择了复读，但是小雪对于学习并不用心，甚至不如前一年读高三时那么认真。每当看到雅丽苦读，小雪总是对雅丽说："不上学也有好处，还能早一点挣钱呢，没有必要这么辛苦！如果明年还是考不上大学，咱们一起去打工，那有多好！"雅丽对此不以为然，她常常劝说小雪要用心读书，将来才能有好的人生。小雪对雅丽的话也从来听不进去，就这样，原本学习成绩相差不多的雅丽和小雪在复读的一年时间里，成绩变得悬殊巨大，雅丽最终顺利地考上了自己心仪的大学，而小雪连个专科都没有考上，也如愿以偿地去外地打工了。

几年之后，雅丽大学毕业选择去一家外企工作，成为不折不扣的白领。这个时候，小雪因为在打工的时候表现突出，在公司也得以提升，所以小雪赚的钱并不比雅丽少。为此，小雪还沾沾自喜地说："我虽然没有读大学，却比雅丽积累了更多的资金。"时间又过去五年，这个时候小雪已经不能与雅丽同日而语了。原来，雅丽在工作上表现良好，被领导提拔为中层干部。而小雪呢，却被那些后来的年轻女孩所替代，只能在最普通的岗位上蒙混度日。此时此刻，小雪懊悔不已，然而为时晚矣。

人们常说磨刀不误砍柴工，对于雅丽而言，她虽然在学习上花费了更多的时间，但是努力提升自己之后，她在人生之中有了更好的发展。相反，小雪为了一时的安逸，为了暂时逃避学习，宁愿去打工也不愿意复读，她最终不但浪费了宝贵的一年时间，而且没有考上理想的大学，虽然最终如愿以偿地去打工，却因为缺乏知识的储备在职业生涯的发展上十分乏力。渐渐地，小雪失去发展的后劲，不得不屈服于现实，也走上了人生的下坡路。

每个孩子都应该对自己的人生有详细的规划，也应该意识到学习就是给自己加油和充电的过程。只有在学习的过程中不断地努力付出，才有可能在学习上有所成就，才能够为自己铺垫人生。否则，如果在学习上总是三心二意，不愿意努力，那么最终就会因为懈怠导致人生发展失去动力，也使得自己陷入困境和被动之中。

细心的孩子们会发现，古往今来每一个有所成就的人，无一不具有勤奋的特质，也许他们并没有出类拔萃的天赋，也没有不同寻常的能力，但是恰恰是勤奋，让他们脱颖而出，也让他们真正出色。伟大的科学家居里夫人曾经说过，只有勤奋的人才能获得成功，而懒惰和愚蠢只会让自己与失败纠缠不休。每个孩子如果都能够严格自律，要求自己坚持勤奋，那么他们无疑会走上成功的道路。大名鼎鼎的爱因斯坦也曾经说过勤奋是世界上所有成就的催生婆，如果没有勤奋，世界也就没有这么多的成功；如果没有勤奋，每个人都会陷入碌碌无为之中，根本不可能创造个人的成就。从这个角度而言，每一个孩子都应该更加努力。在小时候我们就要养成勤奋用功的好习惯，把

第九章 注重培养孩子的自律力：先管住自己才能去征服世界

懒惰、懒散、放纵、消沉等，赶得远远的。当我们的心灵被积极向上的思想所占据，我们就能够表现出努力积极的行为，也能够让自己变得与众不同，出类拔萃。

在历史上，有很多非常伟大的人物尽管天资不高，但都特别勤奋，诸如曾国藩。有一天，曾国藩来到书房里读书，开始背诵一篇文章。他背诵了很多遍，但是都没有熟练地记忆下来。曾国藩不知道的是，在他来到书房背书之前，有一个窃贼潜入了书房想要行窃。因为曾国藩一直在背书，所以这个窃贼只能躲在房梁上不敢下来。他原本想等到曾国藩背书之后离开再下来行窃的，没想到曾国藩背诵了很多遍，始终没有把文章背诵下来。为此，曾国藩一直在书房里苦读，窃贼等得着急了，直接从房梁上跳下来，对着曾国藩怒吼："你这么笨，为什么还要读书呢？这篇文章我都可以倒背如流了！"说完，这个窃贼就气愤地扬长而去。的确，也许曾国藩记忆力不是很好，但是他非常勤奋，所以他最终取得了伟大的成就。那个窃贼可能比曾国藩的记忆力更好，也更聪明，但是他选择错了人生的方向，把勤奋用在了错误的地方，导致穷尽一生也只能成为一个见不得天日的窃贼，根本没有任何成就，反而被人们所唾弃。

由此可见，一分努力，一分收获，任何时候，我们都要坚持不懈地努力，才有可能获得成功。也许有些孩子会说，很多时候，即使努力了，也没有收获。的确，努力与收获之间并非呈现出绝对的正比关系。也许努力了，也没有收获，但是如果不努力，就注定了毫无所获。在这种情况下，我们当然要更加努力，才能够逐渐接近成功。

珍惜时间，才能创造出人生价值

对每个人而言，时间都是非常重要的。正如大文豪鲁迅先生曾说过的，时间是组成生命的材料，浪费别人的时间无异于谋财害命。其实，每个人既不能浪费别人的时间，也不能浪费自己的时间。人生是一场没有归途的旅行，没有人知道自己的人生将会在何时戛然而止，因此生命就显得尤其珍贵。在这种情况下，我们更要珍惜宝贵的时光，这样才能够创造人生的价值，才能让自己的生命更加充实和有意义。

生活中很多孩子都不能理解时间的重要性，很多父母在教育孩子的过程中也往往忽略了对孩子时间意识的培养，实际上时间关系到孩子生活和学习的方方面面。如果孩子能够养成珍惜时间的好习惯，就能够有效地利用时间，也能够对时间进行合理有效的安排。在这种情况下，时间当然会对孩子的成长和发展起到更加积极有效的推动作用。

孩子为何不懂得管理时间呢？这是因为他们对于时间还没有明确的意识。成人之所以珍惜时间，恨不得把每一分每一秒

第九章 注重培养孩子的自律力：先管住自己才能去征服世界

都利用起来，这是因为成人已经意识到时间的宝贵，也知道时间对于生命来说是不可替代的。但是在很多孩子的心目中，时间就像是他们已经玩腻的玩具，可以随时丢掉，而丝毫不觉得宝贵。虽然孩子对时间的观点并不正确，但是孩子这种想法是基于自己的感觉产生的，所以不应该受到指责。作为孩子，在意识到自己不够珍惜时间之后，就应该积极主动地改变这种心态，无论如何，时间对于每个人而言都是至关重要的，也是值得珍惜的，每个人都不应该浪费时间，而应该珍惜生命。

安排时间并非说说就能做到的事情。要想合理安排时间，就要对自己的生活有更加深刻的认知和理解。例如，孩子要意识到自己的生活是由玩耍和学习两部分组成的，此外，每天还要进行日常的活动。这样一来，他们才能够把时间合理分配到这三大板块之中，从而让这三大板块都保证效率。现在社会，大多数家庭都只有一个孩子，很多父母都望子成龙、望女成凤，恨不得给孩子报各种各样的培训班和补习班，让孩子能够在学习方面取得突飞猛进的进步，也让孩子变得出类拔萃。殊不知，孩子的时间和精力是有限的，而且孩子的天性就是玩耍。假如孩子们能够把每一分每一秒的时间都用于学习，无异于扼杀了孩子的天性，导致孩子的生活陷入郁郁寡欢之中。在这种情况下，父母当然要安排好孩子的生活作息，在给孩子安排学习计划的时候，也要考虑到孩子身心发展的特点。

孩子从自身的角度出发，虽然一心一意只想玩耍，但是

181

少年时代正是学习的好阶段，因此孩子们也需要端正心态，意识到自己的首要任务是学习，其次才是玩耍，从而平衡好学习与玩耍之间的关系。很多不会管理时间的孩子做事情东一榔头西一棒槌，想到什么事情就做什么事情，而丝毫没有计划性。这导致他们的时间利用效率非常低下。假如孩子们学会管理时间，那么他们就知道自己每天之中有哪些事情是必须在固定的时间完成的，哪些事情是可以合理安排和计划的，还有哪些事情是可以摒弃不做的。这样一来，他们对于时间的利用率就会大大提升，对于人生的安排和把握也会更加效率倍增，卓有成效。

善于安排时间的孩子不但能够管理好自己的学习和生活，在与他人相处的过程中也会给他人留下良好的印象。现代社会已经开放，我国与西方国家之间的往来越来越多，所以孩子们有更多的机会接触到西方国家的友人。在这种情况下，如果孩子没有时间观念，在与时间观念极强的西方友人相处的时候，就会遇到各种困境。为了适应社会的大环境，孩子要有意识地建立时间观念，这不但有利于与西方友人相处，也有利于孩子的学习和生活。当孩子的时间观念足够强，他们的生活就会秩序井然，也会更有条理性。

总而言之，随着时间管理能力的增强，越来越多的孩子会更加积极地管理自己，也会卓有成效地提升生活和学习的效率。如果说不会管理时间的孩子，每天只有二十四小时，那么相比之下，会管理时间的孩子就能把每天的时间拓宽到三十六小时，甚至四十八小时。当孩子把珍惜时间的概念延续到整个人生之中，那么善于管理时间的人则活出了不善于管理时间的人好几辈子的人生，不得不说这是莫大的成功。需要注意的是，管理时间并非只是管理时间，对于孩子而言，只有真正管理好自己，才能管理好时间。所以与其说是让孩子管理时间，不如说是让孩子管理好自己，这样对于孩子的成长才是有益的。

参考文献

[1]京京工作室. 儿童心灵成长故事绘. 逆商心态篇[M]. 北京：化学工业出版社，2019.

[2]珍妮弗·摩尔·迈丽斯. 不一样的我[M]. 武汉：长江少年儿童出版社，2013.

[3]周周. 提高孩子逆商的60个秘诀[M]. 北京：北京时代华文书局，2015.

[4]孙佳慧. 写给孩子的第一本逆商书[M]. 北京：中国商业出版社，2020.